本书获得广东省自然科学基金项目"广东田园综合体建设中的产业融合路径与协同机制研究"（编号：2018A030310687）、"广东农业企业生态创新行为向竞争优势转化的机理与效应研究"（编号：2019A1515012149）及广东财经大学工商管理一级学科基金资助。

AMBIDEXTERITY AND WIN-WIN

Research on the Connotation of Ecological Innovation and the Influence of Environmental Regulation in Agricultural Enterprises

双元——共赢

农业企业生态创新内涵及环境规制的影响效应研究

黄蝶君 著

中国财经出版传媒集团

经济科学出版社
Economic Science Press

前　言

党的十八大以来，我国的农业生产方式已经逐步从主要依赖资源消耗、满足数量向绿色生态可持续、满足质量的方向转型。习近平总书记多次指出，"绿水青山就是金山银山""良好生态本身蕴含着无穷的经济价值，能够源源不断创造综合效益，实现经济社会可持续发展"。绿色生态生产方式不仅与农业可持续发展密切相关，也是现代农业提质增效的重要内容，良好的生态环境不仅帮助农产品获得更高的溢价，也是农业企业竞争优势的重要来源。只有认识到生态环境对现代农业价值提升、竞争力升级的重要意义，才能促使农业企业主动追求环境导向创新，培育农业发展新动能。这类"既能显著降低对环境的危害又能为企业带来商业价值"的生态创新（eco-innovation）模式，越来越得到理论界和实践工作者的重视。本书在剖析农业企业生态创新的内涵及结构的基础上，探索生态创新同时提升企业环境绩效和经济绩效的机理，说明政府环境规制促进生态创新提升环境和经济绩效的作用，并提出了未来发展方向。

第一，对生态创新重要文献进行梳理，并对农业企业生态创新的研究进展进行总结，引入共生理论、双元性理论、环境经济学等理论，为本书的研究提供理论准备与问题切入点。

第二，在阐述农业生产本质特征的基础上，说明环境对农业的特殊价值会促使农业企业"主动"治理环境，提高环境绩效。农业企业同时追求环境导向创新和经济导向创新，提升环境绩效和经济绩效的创新模式就是生态创新，农业企业是生态创新的主体。

第三，厘清农业企业内部环境导向创新和经济导向创新的多种共生关系。运用共生理论，划分环境导向创新和经济导向创新之间的五种共生类型，采用数理模型证明：只有两种创新互相促进，且两种创新产生的边际能量（边际收益）至少等于两种创新的边际损耗（边际成本）的互惠共生，才能够实现生态创新。

第四，探索生态创新同时提升环境绩效和经济绩效的机理。运用双元理论，从环境导向创新和经济导向创新兼容互补关系的研究入手，构建两种创新之间"双元平衡"和"双元互补"的结构，将其纳入沙漠产业共生比较案例之中，阐述了环境导向创新和经济导向创新通过"双元平衡"和"双元互补"同时实现环境绩效和经济绩效的过程。

第五，说明环境规制促进生态创新提升环境绩效和经济绩效的作用。以波特假说模型为基础，参考双元性理论的经典研究框架，建立"环境规制—生态创新—环境和经济绩效"概念模型，共同验证模型的合理性。为了验证生态创新的作用机理，全书从经典的双元性理论出发，在对广东农业企业进行问卷调查的基础上，构建了生态创新的双元平衡以及双元互补结构，检验"政府环境规制—农业企业生态创新—环境和经济绩效"理论模型。

对生态创新的研究可以丰富农业企业技术创新、环境管理和双元能力等领域的理论研究，更为重要的是，生态创新实际上也论证了农业的多功能属性，说明了乡村振兴、培育农业发展"新动能"的重要方向是体现农产品的环境价值，活化农村生态资源要素，大力发展农村新产业和新业态，真正实现农产品的有效供给。因此，本书的研究可以为我国乡村振兴战略、农业供给侧改革、农业生态文明建设等问题提供新的思路和理论参考。

本书也提出了未来研究的方向。包括将家庭农场、农户等主体纳入生态创新研究范围，问卷设计的完善和测量方法、统计分析方法的创新，更加关注生态创新的跨学科或多学科研究视角，加强领导和个人层次上生态创新问题的探讨等。

目 录

第一章

绪 论

第一节 研究背景

改革开放 40 多年来，我国农业在取得巨大成就的同时，也迈入了新的历史阶段，农业发展和农产品供给面临着新的挑战和任务。从 2004 年到 2015 年，中国粮食生产实现了"十二连增"，粮食播种面积和单产量均稳步提高。2019 年全国粮食总产量创历史最高水平，达到 66384 万吨[①]。生猪、肉鸡、蛋鸡等饲养行业规模同样位居世界前列，2018 年我国共出栏生猪 69382 万头，出栏肉鸡 82.1 亿只，存量蛋鸡 12 亿只[②]。

但是农业边际产能的过度开发也造成农村土壤、水源等自然环境存在不同程度的污染。农业已超过工业成为我国最大的面源污染产业，环境恶化和食品安全问题十分突出（饶静等，2011）。而且，"石油农业"生产的农产品环境价值低，并不能产生有效供给，难以适应城乡居民消费结构快速升级的要求。这说明过去应对农产品供给总量不足而采取的拼资源拼环境、边际产能过度开发的增长模式已经难以为继。党的十八大提出"面对资源约束趋紧、环境污染严重、生态系统退化的严峻形势，必须树立尊重自然、顺应自然、保护自然的生态文明理念"，党的十九大更是提出"建设生态文明是中华民族永续发展的千年大计"等重要论述。在受到日益严峻的生态环境的"压力"、消费者差异化高端化需求的"推力"的共同作

[①] 国家统计局公布的 2019 年全国粮食生产数据。
[②] 国家统计局公告：《2018 年经济运行保持在合理区间 发展的主要预期目标较好完成》。

用下，农业结构性矛盾日益突出，表现为阶段性供过于求和供给不足并存，矛盾的主要方面在供给侧。和过去单纯追求产量和经济利润不同的是，农产品的有效供给既要达到资源低耗绿色生态的目的，又要满足城乡居民吃饱吃好、营养健康的需求。这就要同时强化农业生产的经济功能和生态功能，从供给角度将农产品的环境价值提升也作为竞争优势的重要内容，实现农业生产经济绩效和环境绩效的"双赢"目标。

当前生态文明建设、乡村振兴、农业供给侧改革等政策反映出，党中央对当前农业和农村形势已经作出了新的科学判断。以往农业发展主要是解决供给总量不足的矛盾，没有将环境因素纳入生产函数中，甚至为了保证供给牺牲环境，造成了增长的不可持续性。而当前的乡村振兴、农业供给侧改革就是要通过提升农产品供给体系质量和效率实现有效供给。从以往单纯追求农业的经济效益，转变为同时注重农业的经济功能和生态功能，以提升农产品的环境价值（绿色生态）从而提高供给质量，向具备综合效益和竞争力的现代农业转变。

因此，我们需要重新认识"绿色生态"等环境因素的价值。作为自然再生产和经济再生产紧密融合的产业，农业发展的新动能在很大程度上意味着绿色生态，意味着以往被人们忽视的生态环境也能够产生价值，环境价值也能够提升农产品的综合效益和竞争力。符合中国特色的农业供给侧改革，不仅需要满足经济发展的目的，还需要提升生态环境，实现环境改善和经济发展的"双赢"目标。生态问题不能用停止发展的办法解决，保护环境并不是反对发展，其核心是要正确处理保护与发展的关系，在发展中保护生态环境，用良好的生态环境保证可持续发展。

第二节　研究目的和意义

长期以来，生态环境并未成为农业生产经营过程中的关键性要素，只关注农产品产量和生产利润的农业生产方式在获得经济绩效的同时，也导致了严重的环境污染问题，农业结构性矛盾日益突出。只有认识到生态环境对现代农业价值提升、竞争力升级的重要意义，才能促使农业企业等市场经济主体主动追求环境导向创新，使得环境导向创新也成为农业企业收益提升和竞争力升级的重要来源。

本书的研究目的如下。第一，重新认识环境对农业及农产品价值提升的重要作用。本书从自然再生产和经济再生产融合交织的角度剖析农业企业生态创新的内涵，重新认识环境对农业及农产品价值提升的重要作用，分析农业企业实施生态创新的原因以及效果。第二，剖析农业企业生态创新的内涵及结构。生态创新是农业企业同时追求环境导向创新和经济导向创新的创新模式，本书需要厘清农业企业生态创新内部的结构关系，探讨环境导向创新和经济导向创新共生互补，同时提升环境绩效和经济绩效的机理。第三，探索环境规制通过生态创新影响经济及环境绩效的效应。作为促进企业控制污染、治理环境最直接的工具，环境规制起到了其他方式难以替代的作用。本书探讨农业企业通过环境导向创新和经济导向创新的共生互补，"理性"应对政府环境规制，实现环境绩效和经济绩效共赢的途径。

谢德里格等（Schiederig et al.，2012）认为生态创新是作为刻画具有高生态效能创新的众多定义中最精确和最成熟的概念，而福西尔和詹姆斯（Fussier & James，1996）认为生态创新是一种既能降低环境危害又能为企业带来更多商业价值的创新。本书对农业企业生态创新的研究并不是简单地将环境导向创新和经济导向创新罗列出来，而是强调环境导向创新和经济导向创新之间的"双元—共赢"关系（两者之间的"平衡"和"兼容"以及产生的"互补"和"相互促进"），并探讨那些能够让生态创新产生"1+1>2"效果的因素（例如政府环境规制）。这就需要剖析生态创新的结构维度、驱动机理，并寻找具有中国特色的促进生态创新提升环境和经济绩效的实施路径。对生态创新的研究不仅可以丰富农业企业技术创新、环境管理和双元能力等领域的理论研究，更为重要的是，生态创新实际上也论证了农业的多功能属性，说明了农业供给侧改革和培育农业发展"新动能"的重要方向是实现农产品的环境价值，活化农村生态资源要素，大力发展农村新产业和新业态，真正实现农产品有效供给。因此，本书的研究可以为我国乡村振兴战略、农业供给侧改革、农业生态文明建设、构建现代农业产业体系、实现资源节约和可持续性的环境创新等问题提供新的思路和改革方向。

第三节　研究方法与技术路线

一、研究方法

本书采用理论分析与实证研究相结合的方法，对农业企业生态创新、环境导向创新和经济导向创新之间的关系、环境规制等相关文献进行深入研究，在文献资料以及逻辑推导的基础上提出研究模型与研究假设，并通过面板数据分析、问卷设计与调查、数据分析予以验证。具体而言，本书采用如下方法。

（1）文献研究。本书充分收集相关国内外文献，吸收和消化相关研究成果。在文献研究的基础上，提出研究模型，推导研究假设。

（2）数理模型推导。为了厘清农业企业生态创新内部环境导向创新及经济导向创新之间错综复杂的关系，本书从环境导向创新和经济导向创新共生关系入手，综合归纳以往各类研究的论据，运用数理模型推导两种创新的内部共生关系，探讨这种联系的强度和方向如何影响农业企业环境绩效及经济绩效。数理模型厘清了农业企业生态创新的内部结构和构成要素，为构建研究模型与研究假设提供理论基础。

（3）案例分析。为了更好地理解双元视角下农业企业生态创新的结构维度关系、环境导向创新和经济导向创新的关系特点、两种创新的共生界面以及共生环境对生态创新的影响，本书采用案例分析的方法对其进行进一步的研究探讨。

（4）问卷调查。根据所推导的研究假设，设计并完善问卷量表。笔者将问卷设计成结构化量表并进行问卷试测，修正问卷的遣词用语，删除问卷中效度和信度较低的项目（语句），从而提高问卷的易答性、有效性和可靠性，形成正式问卷。本书通过对广东企业的问卷调查，验证假设。

（5）数据分析。本书通过数据分析，详细验证研究模型与研究假设中各个变量之间的关系，重点验证"环境规制—农业企业生态创新—企业环境和经济绩效"的整合路径，以及生态创新影响企业环境和经济绩效的内在机理。针对广东农业企业的问卷调查数据，主要采用结构方程模型（SEM）和层级回归方程，使用的统计软件是 LISEREL 8.7 和 SPSS 19.0。结构方程建模主要运用在验证性因子分析上，分析模型的信度和效度；而多元回归分析主要用于检验生态创新在环境规制企业经济和环境绩效之间的中介作用。

二、技术路线

本书技术路线如图 1-1 所示。

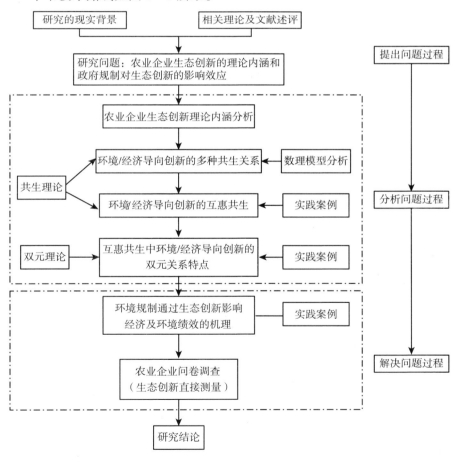

图 1-1　技术路线

第一阶段是提出问题。本书分析了研究的现实背景，寻找存在和亟待解决的问题，并确定研究重点问题和研究目标。此阶段主要采用文献研究方法。

第二阶段是分析问题。为了对农业企业生态创新的理论内涵进行分析，本书首先运用共生理论，探讨了生态创新内部环境导向创新和经济导向创新的五种共生关系，采用数量模型分析了五种共生关系的平衡度和共生度范围，区分出互惠共生和其他共生模式的差异性。其次，本书在沙漠产业共生案例之中，研究互惠共生关系中环境/经济导向创新的双元关系特点。通过理论分析和案例探讨提出下一步研究的模型和研究假设。

第三阶段是解决问题。进行农业企业生态创新内涵的研究目的是寻找其提升环境绩效和经济绩效的路径。本书构建了"环境规制—生态创新—环境和经济绩效"的模型，并进行了实证检验。本书对广东省农业企业进行了问卷调查，直接测量了生态创新在环境规制以及环境和经济绩效关系中的中介效应。

最后，本书对结论进行了探讨和分析，并说明了研究的理论价值和实践意义，以及未来研究方向和内容。

第四节　研究内容和章节安排

本书的研究内容和章节安排如下。

首先，对生态创新重要文献进行梳理，并对农业企业生态创新的研究进展进行总结，引入共生理论、双元性理论、环境经济学等理论，为本书的研究提供理论准备与问题切入点。同时，在阐述农业生产本质特征的基础上，说明环境对农业的特殊价值，会促使农业企业"主动"治理环境，提高环境绩效。农业企业同时追求环境导向创新和经济导向创新，提升环境绩效和经济绩效的创新模式就是生态创新，农业企业是生态创新的主体。

其次，厘清农业企业内部环境导向创新和经济导向创新的多种共生关系。本书运用共生理论，划分环境导向创新和经济导向创新之间的五种共生类型，采用数理模型证明：只有两种创新互相促进，且两种创新产生的边际能量（边际收益）至少等于两种创新的边际损耗（边际成本）的互惠共生，才能够实现生态创新。

再次，探索生态创新同时提升环境绩效和经济绩效的机理。本书运用双元理论，从环境导向创新和经济导向创新兼容互补关系的研究入手，构建两种创新之间"双元平衡"和"双元互补"的结构，将其纳入沙漠产业共生比较案例之中，阐述了环境导向创新和经济导向创新通过"双元平衡"和"双元互补"同时实现环境绩效和经济绩效的过程。

最后，说明环境规制促进生态创新提升环境绩效和经济绩效的作用。本书以波特假说模型为基础，参考双元性理论的经典研究框架，建立"环境规制—生态创新—环境和经济绩效"概念模型，共同验证模型的合理性。为了验证生态创新的作用机理，本书从经典的双元性理论出发，在对广东农业企业进行问卷调查的基础上，构建了生态创新的双元平衡以及双元互补结构，检验"政府环境规制—农业企业生态创新—环境和经济绩效"理论模型。

第二章

文献综述

本章阐述了环境对农业的特殊意义，以及农业治理环境污染的特殊性。引入共生理论，为探讨两种创新之间可能存在的多种共生关系提供理论准备；引入双元理论，为探讨两种创新之间的互补平衡关系提供理论准备。本章也梳理了生态创新的理论发展脉络和研究进展，说明双元视角生态创新的理论价值和研究创新。

第一节　农业生产的环境特征和经济特征

一、农业的本质特征：自然再生产和经济再生产结合的生态系统

作为人类社会最基本的物质生产部门，农业是人类有意识地调节农业生物的生长以获得物质资料的经济部门。农业生产是经济再生产和自然再生产相互交织的过程，这是农业生产和其他经济部门生产的差异性，体现了农业生产的本质特征（简乃强，1983）。农业生产不仅需要符合动植物生长发育的自然规律，也需要符合社会发展的经济规律。

（一）农业的自然再生产过程需要遵循自然规律

农业的自然再生产过程，指的是在一定的自然条件下，农业生物（植物、动物以及微生物等）通过生长、发育和繁殖不断更新的自然过程（朱道华，2001）。农业的自然再生产过程，本质上属于物质循环和能量转换

过程，需要遵循农业生产的自然规律。这不仅是因为农业生产过程中，利用的动植物、微生物需要遵循自然规律，通过相互之间以及同外界环境进行物质能量交换，才能生长繁殖，更因为农业科技发展虽然可以在某种程度上改变生物的结构及生长周期，但是不能改变有机体的自然规律，否则后果难以预料。例如某些"催熟"和转基因食品，虽然价格更便宜，种植效率更高，但是可能对消费者的生命健康造成损害。

所有农业生产都在一定的自然环境中，是自然生态系统的有机组成部分。离开特定的自然生态环境，就难以生存，或者生产效率降低。例如，我国西北农牧结合地带20世纪50年代开始的"向草原进军""以粮为纲""毁草造田"等行为，由于草原砂土层的生态环境系统无法支持农耕生产，不仅难以达到农业生产的目的，草原原有的生态环境也被破坏，不得不将开垦出来的田地撂荒，当地荒漠化、沙漠化问题日趋严重。所以，农业自然再生产过程需要遵循自然规律，才能够以最小的资源消耗，尽可能获得更高的生产效率和经济效益。

（二）农业的经济再生产过程需要遵循自然规律和经济规律

农业的经济再生产过程，指的是劳动者以农业生物（植物、动物以及微生物等）为生产对象，反复进行的社会生产活动（朱道华，2001）。在农业的经济再生产过程中，人类在农业生产、交换、分配以及消费等环节中投入了各类资源，并形成了自然、社会、经济、技术等各类因素相互作用的机制，以及农业价值链系统。农业生产不仅仅是单纯的自然再生产过程，还需要有人类的生产活动进行调节、控制和干预。正如马克思指出的：劳动首先是人和自然之间的过程，是人以自身的活动来引起、调整和控制人和自然之间的物质变换的过程。从农业的历史发展历程来看，无论是人类发展初期的农业萌芽还是现代农业科技，都是在人类干预下的农业生物的自然再生产过程，在一定社会结构下进行，生产目的是为人类生活提供产品，具有一定的经济意义。在现实的农业经济再生产过程中，既不可能脱离一定的社会关系，也不可能脱离相应的自然再生产过程，从这个意义上来讲，农业再生产是以自然再生产为基础的经济再生产过程。同自然再生产一样，农业经济在生产过程仍然需要遵循客观的自然规律和经济规律。

（三）农业自然再生产和经济再生产通过物质能量交换形成了共生关系

农业生产过程中，农业自然再生产和经济再生产形成了"共生"关系。这种关系一方面使得农业经济再生产和经济再生产互为前提、相互交织、结果统一，另一方面也存在相互差异、相互制约的矛盾。

第一，农业的自然再生产过程和经济再生产过程互为前提、互相交织，并构成了农业生产的完整形态。马克思曾经指出："经济再生产过程，不管它的特殊的社会性质如何，在这个部门（农业）内，总是同一个自然的再生产过程交织在一起。"① 这种互为前提和相互交织的关系，体现在经济再生产（经济系统）和自然再生产（自然生态系统）之间不断进行能量循环和物质转化。从农业生产过程来看，经济再生产通过人类的生产活动，将经济系统的能量与物质转化到自然生态系统之中（面向市场的农业种植、养殖）；自然再生产所产生的新的物质和能量，也通过经济系统转化为人类需求的产品或者服务（农业种植、养殖的产品通过市场进行销售）。正是这种周而复始的物质能量循环，使得农业的自然再生产和经济再生产互为前提并交织在一起，体现出一种共生关系。

第二，农业自然再生产和经济再生产共生关系既可能相互作用、相互促进，同时也有可能相互制约，相互破坏，二者构成了矛盾统一的辩证关系。正如上文提到的，这种矛盾统一性建立在经济规律和自然生态规律之上。为了进行农业生产并获得良好的收益，需要经历自然再生产的过程，但是其又需要通过人类有目的有组织的劳动投入才能够获得良好的效果，而且农业生产的成果也需要农业经济再生产才能够体现出价值。农作物自然再生产获得的农产品产量大、品质优良，就会提高其经济再生产能力（销售价格提高、销售效率提高）；同样，如果农业企业（农户）的经济优势明显，也能够有更多的物质资源进行设备和种苗的改进，提高自然再生产能力和效率。但是，如果这两种再生产过程不符合自然规律或者经济规

---

① 马克思：《资本论》，人民出版社 2004 年版。

律，人为地通过技术或者资源投入强行扩大自然再生产或者经济再生产，其结果可能难以预料。以农业化肥和农药使用为例，为了促进粮食产量提高，一些地区过量使用农药化肥，虽然短时间内提高了产量，但却造成了土壤结块以及面源污染等多种问题，不仅降低了土地的自然再生产能力，而且还需要投入更多的资源及人力进行环境治理。因此，农业再生产过程也是自然规律和经济规律得以体现的过程，只有人类的活动与这些规律相适应时，自然再生产和经济再生产才能够相互促进，才能获得最大的经济绩效和环境绩效。

（四）农业是自然再生产和经济再生产组成的生态价值链系统

农业是由自然再生产和经济再生产组成的生态价值链系统（见图 2-1）。与工业以及服务业不同，农业生产不仅是经济价值链系统的体现，而且还是生物链系统的体现，这两套系统共同组成了农业生态价值链系统（丁泽霁，2001）。在自然再生产过程中，种植业、养殖业以及微生物等要素构成了农业生物链系统；在经济再生产过程中，原材料供应（农具、农药化肥、种苗）、种植（养殖）、加工、销售和消费等环节构成了农业价值链系统。这两个价值链系统通过人类劳动组合在一起，与外部的自然环境、经济环境共同发生作用，自然规律和经济规律在其中共同影响着农业再生产过程。

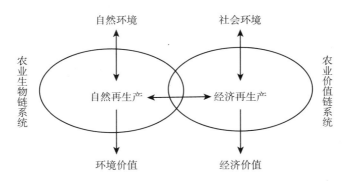

图 2-1　农业自然再生产和经济再生产组成的生态价值链系统

农业的生物链系统以及价值链系统的相互交织也表明了农业生产的特殊性。与工业生产不同，农业生产不仅需要满足经济运行规律，也需要满足自然规律。自然生态环境体现在农业价值链体系的各个环节之中。但是如果仅仅满足农业自然规律的要求，生产的产品可能难以满足社会的需要。因此，需要通过农业价值链体系，提高农业自然再生产的效率和产量。而且通过人类的活动，也可以在一定程度上改造不利的自然环境系统，强化人类的作用。

二、农业生产同时创造了环境价值和经济价值

作为自然再生产和经济再生产交织在一起的生态价值链系统，农业生产同时创造了环境价值和经济价值。农业生产可以解释为自然再生产和经济再生产协调发展的农业，也就是环境价值和经济价值共存的产业部门。农业创造的经济价值和环境价值不仅仅指的是改善环境，或者是获得经济收益，还包括通过资源的合理配置，将环境治理和保护、农业生物的高效利用融为一体，形成具有生态合理性、经济合理性的农业生态价值链体系（环境绩效及经济绩效的统一）。因此，农业在创造环境价值和经济价值的过程中，需要注意两种价值创造的合理比例关系，协调经济发展与生态环境的关系，寻求资源开发与可持续利用、经济发展与环境保护相互协调的机制。

（一）农业生产需要注意两类价值创造的合理比例关系

农业生产同时创造了生态价值和经济价值。但是农业生产需要注意这两类价值创造的合理比例关系，才能够实现农业的可持续发展。在农业生产过程中，经济再生产和自然再生产需要进行物质和能量交换。人类通过经济再生产投入的资源和劳动力，通过自然再生产进行转换，形成农产品（经济价值＋环境价值），再回馈给农产品，由经济再生产进行交易和分配。在这个过程中，环境价值创造和经济价值创造需要保持合理的比例关系，在数量和质量方面保持一定的对应关系，保持生态系统的平衡，才能够使得农业生态价值链系统保持可持续的良性运行。例如，单位数量的耕地面积（种植面积）投入的农药化肥的数量需要保持合理比例，否则很容易造成农产品质量问题以及环境污染（环境价值不足）；农产品的产量和

市场需求数量也需要保持合理比例，否则很容易造成产品滞销等经济损失（经济价值不足）。虽然两种价值创造的合理比例关系具有一定的差异性，前者是从经济绩效的角度，后者是从环境绩效的角度，但是对于农业生产而言，这两类关系很难截然分开。

在农业领域内，两类价值创造的合理比例关系受到自然条件和经济条件的制约，这就导致在不同自然条件和区域经济水平下，"合理"的比例关系存在一定的差异性。在自然环境较为恶劣且经济较为落后的中西部地区，农业再生产的首要目的在于提高农民的收入水平、解决温饱，在经济的发展同时需要注重环境保护问题（经济价值创造优先）。但在工业污染较为严重且经济较发达的东部地区，温饱问题已经得到解决，农业再生产的首要目的是减少农用化学物质的使用，改善受污染的自然环境，确立以生态绿色产品为发展目标的农业再生产体系，生产高质量的农产品以满足中高端市场需求（环境价值创造优先）。因此，由于经济发展水平和自然环境的差异性，不同地区两种价值创造的合理比例关系存在差异。但是其最终目标却是一致的，即实现经济和环境的双赢目标以保证农业生产的可持续发展。

（二）农业生产不能忽视两种价值创造的矛盾统一关系

农业生产的两种价值还存在矛盾统一关系。当前我国很多地区的农业还是延续粗放型的发展路径，滥用农药化肥、酷渔滥捕等违反环境原则的生产方式较为普遍，造成东部地区环境污染以及西部地区的荒漠化问题日益严重，不仅导致自然环境严重恶化，还危及农业生产效率、产品质量以及人民生命安全。这说明农业生产内部对环境价值创造和经济价值创造需要达到相对平衡的状态。虽然经济再生产可以通过科学技术手段提高自然再生产的效率和效益，但是经济再生产能够起到的作用也不是无限的，必须遵循自然和经济规律。一方面，从资源分配上来说，由于资源限制，不能无限制地投入资源进行环境价值创造，成本收益难以平衡，农业发展也会变得不可持续。另一方面，经济和环境之间的矛盾统一关系，使得人们在生产过程中，需要同时兼顾经济效益和环境绩效，增强两类再生产的功能，使之处于相互协调、相互促进的状态。因此，经济再生产和自然再生产存在相互依存和相互制约的关系，人类需要通过科技创新加强两者之间的互利共生，促进农业的可持续发展。

从两种价值创造的统一性和矛盾性来看，统一性体现在其目的方面，即两种价值创造都发生在自然和社会的物质交换系统中，两者涉及的主体和客体基本一致，目标方向上也是基本一致的，只是一类从经济学角度，另外一类从生物（生态）的角度解决农业问题。农业经济再生产创造经济价值的过程离不开环境，经济活动受到自然环境的制约；农业的自然再生产创造环境价值也离不开对经济状况的考察，人类的自然再生产活动受到经济投入、经济规划以及资源物质分配的影响。某一个方面的损失最终会负面影响另外一个方面的发展。同时，经济再生产创造经济价值和自然再生产创造环境价值也存在差别和矛盾。经济再生产的结构功能和内涵要素来自人类活动，受到社会经济技术条件和规律的支配，具有可变性以及一定条件下的快速增长性特点。但是自然再生产的机构功能和内涵要素来自自然生态环境，自然资源条件和环境条件制约了自然再生产的变化性和增长性，甚至在一定情况下，自然再生产是稳定不变的。自然再生产和经济再生产之间的差异性特点决定了它们之间会存在矛盾。受到自然规律的限制，自然再生产约束着经济再生产对自然生态的无限要求和利用（例如动植物的生长成熟周期），经济再生产的过度扩张会损害自然再生产以及自然环境，最终影响自身。这说明在农业生产过程中，为了避免环境污染，仍然需要从政策方面、技术方面、管理方面寻求解决自然再生产和经济再生产矛盾的途径，使二者能够协调发展，创造更大的经济价值和环境价值。

第二节　环境对农业生产的价值及环境规制的特殊作用

一、环境的概念及污染治理理论

按照《中华人民共和国环境保护法》中对环境的定义，"环境是指影响人类生存和发展的各种天然的和经过人工改造的自然因素的总体，包括大气、水、海洋、土地、矿藏、森林、草原、野生生物、自然遗迹、人文遗迹、风景名胜区、自然保护区、城市和乡村等"。因此，环境不仅包括与人类密切相关，并影响人类生产生活的各种自然物质能量相互作用的总和，还包括人工形成的第二自然，例如农田、果园、山林等（左玉辉，2003）。

经济增长和环境的关系一直是经济学家和管理学家关注的重点。亚当·斯密、李嘉图、马尔萨斯、穆勒等古典经济学派的经济学家认为，资源配置是通过市场这样的"看不见的手"完成的。在自由竞争环境下，边际效用理论和一般均衡理论使市场机制实现资源的有效配置，达到新古典经济学所阐述的帕累托最优状态。但是市场机制在资源配置的过程中也存在着"市场失灵"的情况，环境污染就是市场失灵的典型例子（黄少安，2004）。

从环境污染产生的原因来看，以庇古为代表的福利经济学对"市场失灵"进行解释，并提出了解决方法。庇古（Pigou，1920）在《福利经济学》一书中认为市场经济不可能总是有效率的，市场中会出现资源的耗竭、资源的跨期配置等现象，导致大量的不确定性和风险，使得市场机制不能让资源配置达到帕累托最优的状态。环境污染就是一种典型的市场失灵情景。市场经济个体为了经济收益造成了环境污染，产生社会成本。庇古将这种边际社会净值和边际私人净值背离的现象称为外部性。为了消除外部性，需要由私人承担社会成本（"谁污染，谁付费"），从而将污染环境行为的外部效应内部化。由此产生的庇古税（政府对污染者进行征税以弥补边际社会成本和边际私人成本的差额）是政府环境政策的重要工具。庇古的福利经济学也成为环境经济学的重要理论基础。环境规制工具中的命令与控制手段就是基于庇古税的具体运用（沈小波，2008）。

但是，由于信息不完全、管制成本以及价格扭曲等问题，庇古的福利经济学也受到批评。对于环境这类非市场物品而言，价值难以确定，如何估算其价格成为现实中的难题。虽然环境经济学家提出了意愿估价法（contingent valuation method）等方法进行计算，但是不同行为主体（例如污染企业和被污染的居民）对环境的价值判断存在显著差异性，难以统一

（赵细康，2008）。正是针对庇古税的合理性和操作性问题，科斯在《社会成本问题》中提出了另外的解决途径。他从污染者排污造成的社会成本入手，认为社会成本是相对的，外部性也是相对的，外部性可能对被污染者造成损害，也可能对污染者造成损害，环境税也不一定是完全正确的。① 如果产权是明确的，并且交易费用为零，则污染者和被污染者能够通过资源协商或者市场交易达成协议，理性的市场主体会将边际社会净值和边际私人净值背离的现象考虑在内，消除环境污染而不需要政府干预，导致外部性产生的根源将不会存在（史普博，1999）。但是如果交易费用不为零，外部性的内部化需要通过规制工具的成本—收益权衡才能够确定。科斯定理也是环境经济学的重要理论基础。它从市场交易机制，而非政府管制角度实现了环境行为外部性内部化的方法。环境规制工具中的排污权交易制度、污染收费体制、许可证制度等就是基于科斯定理的应用（沈小波，2008）。

环境的特殊性使得市场失灵导致的外部性问题特别明显，使得庇古税以及科斯定理提供的政策工具无法完全解决环境污染问题。第一，环境的产权无法清晰界定，这就使得符合科斯定理政策的实施效果大打折扣（黄少安等，2014）。第二，环境具有显著的公共物品性质，消费环境具有非排他性和非竞争性。环境的提升社会效益往往大于私人效益，环境消费的私人成本小于社会成本，很容易造成私人对环境的消费（污染）超过社会最优水平。第三，环境的价值无法衡量，价格更是难以估计，这就导致环境污染处罚、污染排放等政策在实施上面临难度。第四，市场经济主体只会考虑内部经济利益，忽视外部环境因素。市场环境下的经济活动是分散进行的，经济主体只会考虑内部经济利益，虽然也在一定程度上关注社会责任问题，但这种关注也往往仅限于防止负面因素影响到企业发展的程度，并不会主动治理污染，承担社会责任。这是因为环境对于很多企业，特别是工业企业而言，属于自身系统"外部"的因素，无法界定产权、价值无法衡量，并具有明显的公共产品性质。

但是，对于农业企业、农户等从事农业生产的经济组织来说，很多与

---

① ［英］科斯：《社会成本问题》，上海三联书店、上海人民出版社1994年版。

生产密切相关的环境（例如，农田、果园、山林等第二自然），既是生态环境的组成部分，也属于生产资料，产权较为清晰，运营过程中也存在成本并产生收益，属于农业自身系统"内部"的因素，必须纳入生产函数中考虑生态环境的价格、成本和收益等问题。从这个角度来看，环境和农业企业的关系有农业的产业特征。

二、政府环境规制的制度安排

从环境经济学的理论来看，对于非农产业来说，环境是外生的，企业不会"主动"将其纳入生产函数进行考虑。所以，需要构建外部的约束体系，改变市场经济个体基于"经济人"的选择集合做出的决策（黄少安等，2014），"迫使"市场经济个体将环境因素纳入生产消费函数中，或者由私人承担污染的社会成本（如环境税），或者配置并运营污染治理设备，实现环境污染外部性的内部化。也就是由污染者自行承担对环境造成的社会成本，将这部分的成本纳入它的生产消费决策中（赵晓兵，1999）。内部化的目的是弥补社会成本和私人成本之间的差额。环境污染的内部化制度安排（政策工具）主要包括以下几个方面。

1. 命令—控制型制度安排

包括污染排放标准、污染排放目标、绿色采购目录、技术和工艺范围等政策工具。该类政策基于庇古的福利经济学理论，从政府强制性约束的角度，限制污染者的行为，迫使其将污染行为"内部化"处理，购置污染治理设备、规定污染治理的运营标准，达到政府的环境要求，否则将面临经济、行政甚至法律的处罚。

2. 市场型制度安排

包括税收、收费、可交易的许可证、不可交易的排放许可证等工具。市场型制度安排包括了"利用市场"型的工具和"创建市场"型的政策工具。"利用市场"型的工具中，经常使用的是针对污染排放征收的污染税或排污费政策。这实际上是对污染者额外支付的价格，基于福利经济学的"谁污染，谁付费"原则而实施的，往往针对高污染型企业，迫使企业技术创新降低环境污染及进行清洁化生产。"创建市场"型政策工具最为典型的是可交易的许可证制度。该政策是基于科斯定理明确产权，解决环境污染和"公地悲剧"的理念而产生的。政府控制污染总体规模并分配或出售"污染许可证"，企业根据成本收益原则自主交易，在控制污染的同时合理配置资源。创建市场型政策工具还包括环境污染的第三方运营和市场化运营工具。

3. 社会责任视角下的治理型制度安排

治理型制度安排是基于利益相关者和社会责任理论而产生的。企业环境污染会对社会，特别是大量的利益相关者造成损害。因此除了代表公共利益的政府可以进行约束外，其他相关的利益主体也应该具备这种约束资格，促使污染内部化。在这个概念框架下，国际组织、公益组织、多主体的治理结构、民众等都可以参与到环境治理的过程中，形成治理型制度安排（李宾等，2013）。

4. 技术创新视角下的预防控制、全程控制、循环经济等企业内部制度安排

从环境经济学的视角来看，企业内部也需要进行环境导向创新的制度安排，以"应对"外部环境约束。伴随着环境领域的技术创新，对污染的预防控制（源头消减）、循环经济、对污染的全程控制、绿色生产等工具也被引入环境污染的内部化机制中。例如循环经济针对"大量生产、大量消费、大量废弃"的检讨，拓展产业链条，将部分环境社会责任纳入企业内部，通过生产者延伸责任（extended producer responsibility，EPR）政策，降低环境污染。

但是需要指出的是，非农产业将环境污染内部化的制度安排只是对外部环境约束的一种"应对"，它们通过环境技术创新减少污染排放（避免政府处罚）、处理废弃物（提高生产效率）、进行绿色生产（提高公众认知度）等活动，本质上还是为了经济利益（短期或者长期）。对于非农产业而言，环境是外部的、外生的变量，只会对企业生产经营起到基本的支撑作用，一般不会直接作用于经济绩效和企业利润。但是对于自然再生产和经济再生产融合交织的农业来说，生态环境并不是作为支撑要素，而是作为生产资料，在农业生产过程中起着关键作用。农业的特殊性使得农业企业环境污染内部化存在特殊性。

三、环境规制对农业生产的特殊作用

综合环境经济学对环境污染外部性的理论阐述，以及对环境污染治理（环境规制）的制度安排，可以清楚地发现，环境经济学对环境污染治理有两个基本假设。第一，经济生产是"逆环境"的，会造成环境污染，产生社会成本。无论是基于福利经济学的命令—控制型制度安排、"利用市场"型政策工具，还是基于科斯定理的"创建市场"型政策工具，都是基于"经济生产会造成环境污染"这个逻辑前提而制定的。至于选择外部约束还是内部治理模式（清洁生产等），取决于哪种手段能够更好地减少环境污染、提高治理环境的效率、降低治理环境污染的成本，实现资源的最优配置。第二，环境无法定价，对环境（污染）治理只能产生成本，不能产生持续性的、至关重要的经济收益，不会对企业竞争优势产生根本性的影响。这是外部性的基本前提，也使得（生态）环境成为外生变量，不纳入企业的生产函数之中。从福利经济学和科斯定理的观点来看，之所以需要通过政府规制或者市场交易进行环境治理，就是因为对企业来说，环境是"没有价值的"，环境治理不能产生持续性的、举足轻重的经济收益。由于作为外生变量的（生态）环境不能产生价值，所以，市场经济主体不会"主动"治理生态环境。但是，以上对环境污染的两个假设对农业生产和农业企业并不适用。

针对第一个假设，农业生产并不是"逆环境"的，并不一定会造成环境污染，甚至能够提升环境质量，产生社会收益。农业生产促进环境质量提升的例子很多，以本书第四章的沙漠产业生态创新案例为例，阿拉善地区的农户承包荒漠、沙地，种植梭梭树寄生肉苁蓉，产生经济收益的同时也改进了生态环境，产生环境收益。很多地区实施的环境友好型农业，通过生态养殖/种植技术，促进了环境绩效提升。针对第二个假设，很多和农业生产密切相关的环境（农田、山林、水源等）是重要的生产资料，生态环境对农业是有价值的。农业生产能够通过生态创新，提升农产品的"环境价值"，获得更高的产品溢价，创造更高的收益，甚至成为农业企业竞争优势的重要来源。当前的无公害蔬菜、绿色农产品就是典型的例证。

通过稻田养鸭模式，农业企业不仅降低了化肥和农药的施用，改善了环境绩效，同时也节省了农药和化肥的成本，更为关键的是，附加了环境价值的有机稻米和鸭肉，能够以更高的溢价进行销售，提高了企业利润，并成为企业竞争优势的来源。

图2-2比较了工业企业、农业企业和环境关系的差异性。对于工业企业来说，环境是外生的，具有外部性。环境和工业企业处于不同系统之中，环境因素并不纳入工业企业的生产函数之中，从这个角度来看，环境对工业企业只提供基础支持作用，对工业企业并不能产生根本性的影响。在不存在政府监控等外部约束条件的情况下，工业企业对环境的影响往往会大于环境对企业的影响。工业企业只考虑经济再生产的成本收益问题，甚至会排放污染物以降低成本提高收益。因此环境规制需要进行外部限制和约束，"促使"工业企业进行环境治理。基于经济绩效的考虑，工业企业治理环境污染往往是被动的。但是农业企业和环境，特别是和生产密切相关的环境（例如，农田、山林、果园、鱼塘等人工形成的第二自然），是处于同一个系统之中，某些环境甚至是农业企业生产的重要生产资料，具有重要的价值（产生成本以及收益）。环境因素能够进入农业企业的生产函数之中，环境价值能够体现到最终的农产品价值中，形成更高的产品溢价（环境产品价值＋经济产品价值）。因此，农业本身的特殊性决定了环境规制对农业生产的特殊性。由于农产品的"环境产品价值＋经济产品价值"能够形成更高的产品溢价，和工业企业相比，环境规制还能够促使农业企业"主动"治理环境，不仅提高环境绩效，而且提高经济绩效。农业企业同时追求环境导向创新和经济导向创新，并提升环境绩效和经济绩效的创新模式就是生态创新。

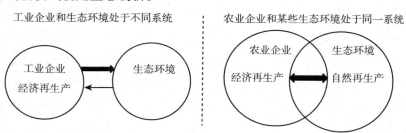

图2-2　工业企业、农业企业和环境的关系

第三节　农业企业生态创新的概念及双元内涵

一、农业企业的概念及生态特征

（一）农业企业的概念及类型

农业企业是根据自然规律和社会经济规律，以有生命的微生物、动植物为生产对象，进行生产加工以满足人类需求的经济组织（杨名远，1997）。从农业企业概念的内涵来看，农业企业的概念强调行业特征和经济组织特征。《中国农业百科全书》将农业企业界定为经营农业为主或为农业生产服务，具有法人资格，实行独立核算、自主经营的生产经营单位。从农业生产的外延来看，对农业企业的概念界定有狭义和广义差别。狭义的农业企业强调农业企业的生产特征，将农业企业定义为从事农业生产和经营的经济组织。广义的农业企业强调农业的行业特征，不仅包括农林牧副渔等五种农业产业类型，并且将农业生产的全产业链（产前、产中、产后），以及直接或者间接为农业生产经营服务的企业（例如农业研发、农产品物流、农产品销售）都列入农业企业范围。

从生态创新的特点及具体实施效果来看，虽然农户、农业科研机构也有实施生态创新的能力和意愿，但是相对于其他经济组织和农户而言，农业企业显然更有实力、更有主动性去实施生态创新，因此，本书将研究的农业企业界定为广义上的农业企业，即从事农业生产经营，具有法人资格的营利性的经济组织。

根据不同划分标准，农业企业的类型也存在着多样性的特点。根据企业所有制的不同，农业企业可以划分为国有农业企业、集体农业企业和民营农业企业。根据所处农业生产环节的差异性，农业企业可以划分为农产品研发企业、农产品生产企业、农产品（流通）销售企业、农产品服务企业。根据企业产权（股东）性质的差异性，可以将农业企业划分为农业股份有限公司、农业合作经济组织（农业专业合作社）、家庭农场等企业类型（李大兵等，2006）。

（二）农业企业的生态特征

农业企业是追求企业以及企业外部生态环境平衡的企业。农业企业不仅仅是经济个体，也属于生态个体，具有明显的生态特征（王倩，2008）。首先，生态环境（自然资源）是农业企业生产的基础。自然资源（土地、光热、水源等）占据了农业企业资源投资的主体地位。由于自然资源的地域、季节特殊性，使得农业企业的生态特征具有不可复制性和地域性的差异。农业企业必须依靠当地自然资源（生态环境）的特点进行合理配置并组织生产。生态环境的差异性会直接影响农业生产的差异性。其次，农业企业的经营过程就是利用生态环境进行合理配置的过程。农业生产是以有生命的微生物、动植物（自然资源）为对象，根据自然规律配置资源，生产加工满足人类需求产品的过程。对于农业来说，利用生态环境（自然资源）进行生产，还意味着需要根据自然资源的具体生态条件，适时增加物质能量投入，将农业生产和农业科技有机结合起来，提升农业生产效率及物质能量转换率。再次，可持续发展要求现代农业企业注重生态环境。由于生态环境是农业生产的重要前提，每一种农作物和畜禽品种都需要有相应的生态环境，农业企业必须根据农业生物生长发育规律和不同生长发育阶段的特点，进行不同的资源配置，因此生态环境也约束了农业生产，表现为资源约束性。最后，安全、卫生以及天然等生态特征也成为现代农业企业可持续发展的重要目标。生态环境形成的自然基础，是制约农业企业生产效率、生产成果的重要因素。传统的粗放型农业企业经营模式，掠夺资源，忽视生态环境，通过牺牲环境换取经济发展，导致农业企业自身存在的基础产生动摇，难以实现可持续发展。在这种情况下，安全、卫生、天然等农业生态特征日益成为现代农业的发展目标，包括了农业企业在种植、养殖以及加工管理过程中，尽量避免人为地添加过量的农药、化肥、添加剂等能够对环境产生破坏的工业品，保证农产品的污染降低到最低程度。当前对绿色有机食品的需求越来越大，也说明了同样的问题。

二、农业企业是生态创新的核心主体

包括生态创新在内的各类农业科技创新活动离不开创新主体的支持，创新主体影响着生态创新的实施效率和效果。由于农业的特殊性以及我国的具体国情，农业科技创新包括了农业企业、政府科技部门、农业科研机构及高等院校、农业非政府组织、农民专业合作社、家庭农场、农户等不同类型、不同层次的创新主体，不同的创新主体在生态创新等科技创新实施过程中承担不同的角色。具体来看，政府科技部门承担的角色主要是农业创新活动的引导者、规制的制定者和政策的供给者的角色；科研机构和高等院校是创新的源泉和基石，为创新提供了人才基础；农业非政府组织等机构是农业创新的有益补充；农民专业合作社、家庭农场和农户等机构一般只承担农业创新的具体实施工作。相对于其他创新主体，农业企业由于具有明确的市场导向、较高的成果转化率以及高效的市场运作效率，是科技创新的核心主体（肖兰兰，2013）。杜金沛（2011）也认为，农业企业成为科技创新的核心主体，是当前农业科技发展的主流趋势。

（一）作为生态创新主体的农业企业具备明确的市场导向性

从生态创新的概念来看，作为一种既能降低环境危害又能够提升经济绩效的双元创新模式，农业企业生态创新具有可持续的特点，这种可持续性不仅体现在农业环境友好方面，还体现在农业企业进行生态创新的动力直接来源于经济利益的刺激。毛学峰等（2012）通过对农业科研单位和农业企业的问卷调查发现，与农业科技单位、政府相关部门或者高等院校相比，农业企业与市场的联系更为紧密。

在市场经济环境下，农业企业一开始就将市场需求放在第一位，一切活动以市场需求为中心，农业企业可以从制度建设、组织架构、人员配备、绩效考核等各个方面与市场挂钩，最大程度上保证农业企业的生态创新具有市场适应性，能够满足市场需求。

（二）作为生态创新主体的农业企业创新成果具有易转化性

由于我国农业发展的特殊性，政府所属的科研机构和高等院校进行了大量的农业创新活动，但是科技成果转化率不高，推广应用水平也存在困难。根据统计，整个"十一五"期间我国的农业成果转化率只有40%左右，远低于发达国家80%以上的科技成果转化率（王志丹等，2013）。与高等院校和农业研究机构相比，农业创新的目的很明确，就是以服务市场获得利润为基准，这就要求农业企业的科技创新产品必须具备实用性和易转化性，才能够更容易将发明创造或者科技成果转化为市场需求的产品，获得竞争优势，推动企业竞争能力的优化升级。王敬华等（2013）运用资金支出转化效率、科技项目完成质量等五项指标测量农业科技成果转化评价指标，通过对不同科技创新主体的创新对比发现，涉农科技企业的资金转化使用率最高。

（三）作为生态创新主体的农业企业创新过程具有高效性

以公司制为代表的现代企业制度帮助农业企业建立了更优异的管理体制和激励方式，更能够调动农业科技工作者的创新力和积极性。相对于其他创新主体而言，农业企业的创新过程具有高效性的特点。由于和市场的联系更为紧密，农业企业可以更为准确地发现产品信息和市场趋势，根据市场需求确定创新内容。而且在创新实践的过程中，农业企业完善的组织结构、制度设计和建立结构，成为技术创新体系中不可或缺的组成部分。农业企业的组织能力往往成为生态创新等技术创新实际过程中的竞争优势来源。而且企业非常注重创新的物质保障，创新激励设计方面也更为灵活，更能够提升创新的活力和效率，使生态创新的各个环节和要素都能够发挥出更大效能。王志丹等（2013）通过对不同类型农业科技创新主体的案例调查显示，相对于其他创新主体，农业企业具有较强的盈利能力，创新的效率较高。

三、农业企业生态创新环境和经济的双元内涵

（一）农业创新的概念和内涵

创新的形成以及扩散成为国家（区域）经济增长的重要来源，对于创新的早期研究可以追溯到熊彼特（1912）在《经济发展理论》中对创新内

涵的首次阐述。熊彼特将经济发展和创新结合起来，认为一项新的技术或者发明，只有运用到经济活动中并对其产生效益的时候，才能够称得上是创新。他指出创新对经济发展的重要作用，由此提出了创新理论。在此基础上，熊彼特（1939）在《经济周期循环论》中进一步对其创新理论进行了完善。他认为创新指的是企业组织为了获取最大的生产利润而进行的变革，这种变革是企业中引进或者融合生产条件、生产要素并进行的"新组合"，从而建立一种"新的生产函数"获得潜在的利润。创新内容包括五种类型：创造某种新产品或者原有的产品具备新的特征；采用以往没有的新的技术或者新的生产方法；开辟一个新市场；开发或者使用新的原料/半成品的供应来源；创造一种新的企业组织形式。因此，熊彼特的创新类型包括了产品创新、技术创新、市场创新、原材料创新、组织创新这五种类型。

熊彼特的观点为创新理论提供了重要的研究内容，也为后续的研究指明了方向。诸多学者对创新理论进行了拓展和发展，逐步归集到两类研究范式之中。第一类以"技术创新"为研究核心，探讨技术创新动力因素、技术创新机制、技术创新发展系统、技术创新策略和技术创新管理体系等。第二类以"制度创新"为研究核心，将制度变革引入经济增长过程中，强调国家（区域）创新系统、制度创新主体、制度创新方式、制度创新影响因素、制度创新形成对经济增长的巨大作用（惠宁等，2012）。大部分对于创新的研究应用于工业领域，涉及创新的内涵、模式、机制等多方面的内容。由于农业创新的（农业）行业特殊性问题，受到自然环境、经济发展、文化习俗等多方面的影响，不同区域（自然）背景下的农业创新具有不同的特征。农业创新的早期研究主要是区域创新系统在农业领域内的研究。和创新研究类似，对于农业创新的研究不仅集中在农业技术创新（系统）的形成和传播推广方面，同时也有从制度创新角度探索农业部门的竞争力方面的研究。对于中国这样的区域差异性很大的农业大国，农业的自然环境和经济基础存在较大的区域差异性，这就决定了我国农业创新在生产链的各个环节、创新主体和创新影响因素等多个方面存在自身的显著特点。不仅要借鉴发达国家农业创新系统的成功经验，也需要结合我国农业的发展特点，从农业创新的内部构成、特点以及创新要素等多个角度进行研究（辜胜阻等，2000）。

国内外研究者从创新主体、创新功能的角度对农业创新系统进行了界定，但是由于自然条件、经济条件以及研究视角的差异性，学者们对于农业创新系统的界定存在差异性。阿鲁玛帕鲁马（Arumapperuma，2006）从创新目的的角度，将农业创新系统界定为：农业创新不同主体在创新活动中形成的系统，农业创新功能以组织创新和技术扩散为主，目的是实现资源、信息和知识的共享，农业创新主体由政府、培训机构、金融机构、科研机构、市场机构、信息推广、投入供给机构、物流系统、农业企业、农民、消费者等 11 类构成。石忆邵（1999）和拉亚拉赫蒂等（Rajalahti et al.，2008）从创新体系构成的角度，对农业创新系统进行了界定。石忆邵（1999）认为农业创新体系是由多元化创新主体组成的农业组织和制度系统，包括了网络化的创新过程、集成化的创新目标、提高农业创新能力、建立有效创新机制和服务于乡村经济与社会发展目标。拉亚拉赫蒂等（Rajalahti et al.，2008）则将创新系统界定为由各类组织、企业、农户组成的网络系统，目的是对农业发展有益的新工艺、新产品、新的组织形式进行创新，并进行传播扩散。涂俊等（2006）从区域创新系统的角度，将区域农业创新系统定义为省内区域内部的农业技术与推广网络，该网络由政府相关支持部门、农业技术科研机构、农业技术推广部门、农业企业和农户组成。从农业创新的研究来看，史焱文（2014）认为创新主体、创新的结构维度、创新维度以及框架体系是农业创新系统的主要研究内容。

从农业创新系统研究的进展来看，不仅需要从市场、经济个体的角度来分析农业创新系统，更需要从环境的角度来看待农业创新的内涵。正如上文分析的，农业是由自然再生产和经济再生产组成的生态价值链系统。农业生产既是生态价值链系统，也是经济价值链系统。在农业生态价值链系统中，农业经济主体（农业企业、农户等）投入资源进行创新，这种创新既是经济再生产的创新（需要考虑成本收益问题），也是自然再生产的创新（需要考虑自然规律和环境问题），这两类创新交织在一起，共同构成了农业创新。和工业企业创新一般只考虑成本收益不同，农业创新还必须考虑环境因素，将环境纳入创新函数之中。与农业生产包括自然再生产和经济再生产类似的是，农业创新也必然包括对环境的创新以及对经济

（利润）的创新，这是因为环境（农田、山林等）是农业的生产资料，以及经济价值创造的客体。农业创新过程中，通过成本收益权衡，采用新的种苗、新的农药化肥、新的种植方式等，不仅需要依托农业环境，也会对农业环境产生正面或者负面的影响。因此，农业创新不仅创造了经济价值，还创造了环境价值（例如无公害蔬菜中的环境价值），这两种价值共同构成了农产品的价值体系。

（二）农业企业生态创新的概念及双元内涵

作为一种具有显著"双元目标"的创新模式，国外理论界直到20世纪90年代才开始进行生态创新的实证研究，取得了很多有价值的成果，并在德国、荷兰以及英国等发达国家得到了实证检验（彭雪蓉等，2013）。福西尔和詹姆斯（Fussier & James，1996）首次正式提出生态创新（eco - innovation）的概念，并将其界定为"既能显著降低对环境的影响又能为企业带来商业价值的创新"。在这一研究基础上，很多学者也从经济/环境双元的角度对生态创新进行了定义。瑞德等（Reid et al.，2008）认为生态创新是在产品生命周期内，一方面能够以最少的自然资源消耗和有害物排放来满足人类需要和提升每个人的生活质量，另一方面也能够创造有价格竞争力的新的产品、工艺、系统、服务和流程的创新。国内学者杨燕（2013）将生态创新界定为企业有意地追求环境和经济双重收益的创新。蔡乌赶等（2013）也认为生态创新是给客户带来具有商业价值的新产品和新过程而且大大降低对环境影响的创新模式。基于以往研究，本书将农业企业实施的生态创新定义为"农业企业主动实施的，既能够降低对环境的影响、促进环境绩效提高，又能够产生竞争优势和商业价值的创新"。

从农业企业生态创新的概念界定中，可以发现它具有环境（自然）和经济的双元内涵。农业企业生态创新内部既包含着环境导向创新的内容，也包含着经济导向创新的内容，两种类型的创新通过共生耦合关系，组成了共生创新系统。在农业企业生态创新中，环境导向创新指的是一类能够改善自然循环，降低环境风险、污染以及资源使用过程中其他负效应的创新，例如林业企业种植防风固沙植物以降低风沙灾害损失。经济导向创新指的是一类能够创造有市场竞争力的新的产品、工艺、系统、服务和流程的创新，例如农产品加工企业促进农产品产量提高、市场销售价格提高的创新手段（有机产品认证）。

在农业企业生态创新内部，环境导向创新和经济导向创新维持了一种共生关系，这种共生关系体现在以下两个方面。第一，环境导向创新和经济导向创新需要保持一定的比例关系（双元平衡），这不仅使得经济导向创新的能量资源生产能够弥补环境导向创新的能量资源消耗，而且环境导向创新也为经济导向创新提供了新的市场机遇和品牌价值。第二，环境导向创新和经济导向创新之间产生了互补及相互促进作用（双元互补）。在这种双元互补关系中，环境导向创新不仅促进环境绩效提高，还能够通过促进经济导向创新提高经济绩效；经济导向创新不仅促进经济绩效提高，还能够通过促进环境导向创新提高环境绩效。

因此，从双元性理论的经典研究出发，本书将双元视角农业企业生态创新的内部结构划分为双元平衡能力以及双元互补能力。

1. 环境和经济导向创新的双元平衡

根据盖达洛维奇（Gedajlovic，2009）对双元平衡的界定，农业企业生态创新内部环境导向创新和经济导向创新的双元平衡（balance dimension of ambidexterity，BD）指的是：在农业企业的生产过程中，经济导向创新和环境导向创新都存在且都保持较高水平。这是因为如果仅仅强调经济导向创新而忽视环境导向创新，可能造成环境污染问题；但是反过来，如果仅仅强调环境导向创新而忽视经济导向创新，则可能造成经济利益受损，从长期来看，这类创新是低效率而且是难以持久的。政府环境规制及消费者需求只是生态创新的外部约束条件，企业经济利润以及生态的共赢才是农业企业实施生态创新的内生要素。

2. 环境和经济导向创新的双元互补

根据盖达洛维奇（Gedajlovic，2009）对双元互补的界定，农业企业生态创新内部环境导向创新和经济导向创新的双元互补（combined dimension of ambidexterity，CD）指的是：在农业企业生产过程中，经济导向创新和环境导向创新之间产生互补、相互促进的效应（1+1>2）。经济导向创新和环境导向创新之间的互补关系，本质上反映出这两种创新活动在农业企业内部的共生关系。作为直接依托生态环境进行生产的产业部门，通过特

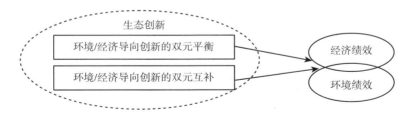

定的机制设计,农业生态(经济)创新产生的积极溢出能够促进经济(生态)创新的提升(见图2-3)。

图2-3 农业企业生态创新对促进环境/经济绩效的促进作用

从农业企业生态创新的概念内涵来看,之所以同时强调环境绩效因素和经济绩效因素,正是基于生态创新能够促进农业企业的可持续发展。农业企业生态创新如果只是强调经济绩效因素,提高产量、增加利润,为了经济利益而违背自然规律,很可能导致环境污染问题,反过来制约了生态创新的进一步发展;如果只是强调环境绩效因素,很可能由于过分关注环境而导致经济绩效降低,生态创新将面临难以持续的困境。以沙漠产业中的梭梭树种植(环境导向创新)和肉苁蓉寄生种植(经济导向创新)为例。种植梭梭树防风固沙能够产生环境绩效,但是由于缺乏经济绩效,不仅不能促使农户主动种植梭梭树,还会导致农户砍伐梭梭树去喂养牲畜和生火做饭。在阿拉善这类经济相对落后地区,人们还具有强烈的经济发展需求,需要在环境保护的同时考虑到这种需求。阿拉善地区种植梭梭树寄生肉苁蓉的生态创新模式却能够较好地解决经济发展和环境保护之间的矛盾。在这种生态创新模式内部,肉苁蓉种植产生的经济绩效,促使农户(农业企业)主动承包荒地、沙地种植梭梭树,促进了环境导向创新并提升环境绩效。梭梭树(肉苁蓉)种植规模的扩大不仅提高了经济绩效,还促使农业企业进行经济导向创新,研制种植机械提高种植效率、开发种植技术提高亩产量、创新市场营销手段提高销售数量、拓展产品类型扩大市场需求,环境导向创新通过促进经济导向创新提升经济绩效。

在农业企业生态创新内部,环境导向创新和经济导向创新都要保持较高的比例关系,而且两种创新能够产生互补促进作用,这种共生耦合(互惠共生)的双元关系才能够达到环境绩效和生态绩效的双元目标。以广东的鸭稻米生产为例,"稻田养鸭"技术（环境导向创新）降低了农药化肥使用量,在促进环境绩效改善的同时,既减少了农药和化肥成本,也促进了经济导向创新,帮助农业企业推动有机大米和鸭肉的品牌化经营,提高经济绩效。环境和经济导向创新的双元互补既能够满足市场需求又符合环境要求,可以实现环境和经济绩效的双元目标。

从生态创新的特点来看,首先,生态创新能够同时实现环境绩效和经济绩效目标。单一地追求经济绩效而忽视环境绩效的创新,可能造成严重的环境问题;而单一地追求环境绩效而忽视经济绩效的创新,也会因为成本过高而难以持续。政府对环境的严格要求和环境规制仅仅能够促使企业开始关注生态方面的问题。要促使企业大量进行环境创新的资源投入,并长期维持这种投入,更需要市场激励以及成本方面的考虑。这说明只有达到经济效益和环境效益的双赢状态,生态创新的双元目标才能真正实现。

其次,生态创新的"双重外部性"也帮助生态创新能够结合技术推动效益和市场拉动效应。所谓双重外部性,是指生态创新不仅能够改善外部环境,而且生态创新的积极知识溢出效应也能够帮助实施生态创新的企业和其他竞争者相比,有着更低的成本,获得更大的收益。这是因为,消费者需求和公众压力是生态创新的重要推动力量,环境导向创新为经济导向创新提供了新的市场机遇以及超额利润,当前大量的消费者愿意为符合生态标准的产品支付额外的成本。和其他环境创新相比,生态创新不仅强调创新的技术推动作用,更重要的是,生态创新也同时强调推动创新的源泉是"市场拉动"。如果仅仅依靠社会和政府的压力、公众的期望,或者企业的"自觉",生态创新的实施是难以持久的,更需要从经济效益的角度,让企业认识到生态创新能够同时达到企业和环境的双重效益,才能真正激发企业生态创新的积极性。

最后,生态创新也会使得政府环境规制的推动及拉动效应更加明显。由于环境规制存在明显的外部性特征,会产生更高的成本,这就使得很多企业在实施政府环境管制政策的时候积极性不高,甚至出现"阳奉阴违"的情况。只是依靠政府行政管制或者财政补贴政策难以实现可持续的环境导向创新,需要让环境导向创新同样产生甚至产生更高的经济绩效,才能够让企业主动实施环境导向创新。相对于其他的创新类型,生态创新的经济目标导向会使得企业在新产品的研发阶段就考虑创新的经济效益，在产品生产和市场拓展阶段之前就考虑市场的拉动作用，这种具有明确生态考虑和经济动机的行为才能够持久，才能够真正实现政府环境管理和生态保护的功能。

（三）农业企业生态创新双元内涵的原因分析

农业生产是经济再生产和自然再生产相互交织的过程，这既是农业生产的本质特征，体现了农业生产的特殊性，同时也表现出农业企业生态创新的双元性特征。与工业和服务业相比，农业企业生态创新的双元性特征（环境导向特征和经济导向特征）更加显著。

首先，作为自然再生产和经济再生产彼此结合、相互交织的过程，农业生产就是经济导向创新和环境导向创新共同作用的过程，农业生产既需要遵循自然环境规律，也需要遵循经济规律。农业以具有自然性和有机生命性的动植物（包括微生物）为经营对象，这种自然再生产与经济再生产交织在一起的过程，使得农业环境导向创新和经济导向创新的共生特点非常显著。农业生产既是创造经济效益的过程，也是自然环境系统循环发展的过程，两者关系密不可分。

其次，农业是唯一在利用自然环境的同时又能够对自然环境实施优化和改良的产业部门（卢东宁，2009）。农业改造自然和环境的过程既有经济导向创新的作用，也有环境导向创新的作用。这就使得农业生产既可能破坏生态环境的平衡，也可能和生态环境产生互动、共生和循环的关系。

再次，和自给自足的传统农业不同，现代农业的环境及经济功能已经逐步被认知并得到开发。姜春云（2011）认为现代农业再也不是简单提供生产及生活资料的产业部门，还具备了环境保护、资源节约、生态延续、食品安全、休闲娱乐等多种环境和社会功能属性，这就使得现代农业具备了环境保护、经济效益、社会绩效等多重功能，需要从多个功能之间的"共生共赢"角度探讨农业生产问题。

最后，同时融合生态导向及经济导向的创新模式是农业现代化的发展方向。农业现代化不仅包括农业生产技术的现代化，还包括资源配置的优化、生产组织的升级、服务体系的提升及农业经济社会制度建设等多项内容。从现代农业的发展趋势来看,现代农业既需要创造经济效益,也需要实现资源节约、环境保护等环境可持续目标。现代农业的可持续发展目标就是农业环境导向创新和经济导向创新融合的结果。

因此,环境导向创新和经济导向创新在农业生产过程中同时存在,处于共生状态。这两种创新类型之间以及与外部环境同时进行着能量转换和物质循环。下面,本章将根据共生理论,分析环境导向创新和经济导向创新的共生关系,并阐述生态创新是一种特殊的共生模式——互惠共生。同时根据双元性理论,进一步剖析这两种创新互惠共生的内涵和特点。

第四节　共生理论及双元性理论视角下的生态创新

一、共生理论对环境和经济导向创新共生关系的研究

本节通过对共生理论的研究,在将共生关系、共生单元、共生界面等概念进行界定的基础上,分析农业企业生态创新内部环境导向创新和经济导向创新共生关系的类型、特点,为农业企业生态创新的双元共生模型设计与构建提供理论基础。

(一)共生的概念和共生要素

"共生"(symbiosis)是来自生物学领域的概念,最早由德国生物学家德贝里(Anion De Bary)于1879年提出。他认为不同生物种群按某种物质联系生活在一起,形成共同生存、协同进化的关系。在共生关系中,共生的双方以某种模式为对方提供物质或能量,从而使得共生体(共生关系)能够产生新的能量。现代生态学认为生物圈内各种生物之间以及与外部环境之间都会产生能量转换和物质循环的关系,即为广义的共生。

共生广泛存在于自然领域内,例如藻类和菌类形成的共生体地衣,翅目类昆虫和其肠道中的鞭毛虫之间的共生关系等。生物学领域中的种群关系研究一般会使用到共生理论。早期对共生的研究仅限于探讨共生单元之间"互利"的情景,而将寄生(共生单元之间的联合对某方有害)、偏利

共生（共生单元之间的联合对某方不产生影响）、竞争性共生（共生单元之间的联合对双方都有害）排除之外，但是洪黎民（1996）认为随着共生理论研究与实践发现的拓展，当前对于共生的内涵及外延也不断发展，逐渐将寄生、偏害共生等现象也归结为共生范围内。将共生单元共生的物质联系类型多样化，认为它们之间的关系可能是正向、负向，也可能是中性的。现代生态学更将整个地球都看作是一个巨大的生态圈，各类生物体之间以及生物体和外界环境直接通过物质和能量转换密切联系起来，形成了广泛意义上的共生。狭义的共生就是生物之间的结构组合、能量（物质）交换以及形成的利害关系。共生关系及共生体不仅发生在自然领域中，社会学以及管理学领域内的共生现象也广泛存在。例如社会学中对社区共生体的研究，经济管理领域中对生态工业共生体（工业园区）的研究，企业集群内部核心企业和配套企业之间的共生关系等。农业企业内部的环境导向创新和经济导向创新也存在共生关系，但是这种共生关系的具体类型划分，有赖于对共生单元、共生模式、共生界面以及共生环境的描述。

共生要素包括以下四项内容：共生单元、共生模式、共生界面和共生环境。共生单元指的是构成共生体或共生关系的基本能量生产和交换单位。共生单位构成了共生体的基本物质要素，在不同的共生体（共生关系）之中，共生单元的性质以及特征存在差异。这就使得不同的共生单元内部物质能量的交换方式呈现出不同的特征和类型。从共生理论来看，农业企业生态创新内部的环境导向创新和经济导向创新属于共生单元。要根据共生理论理解农业企业生态创新内部环境导向创新和经济导向创新的不同共生类型，分析两种创新之间的物质能量交换和分配关系。

共生模式指的是共生单元之间相互作用的结构关系。这种结构关系既反映了共生单元之间物质能量交流的方式以及方向，也反映了这种交流的强度。共生模式既要描述共生单元之间的共生方式（方向），也需要描述共生强度（或者称为共生度）。如果从狭义的共生（互利共生或偏利共生）角度来看，共生模式反映了共生单元之间互补、兼容的能量和物质交流关系。如果从广义的共生（包括了寄生、偏害共生、竞争共生）角度来看，共生模式反映了共生单元之间既竞争又合作的能量和物质交流关系，从而形成了共生单元之间多样化的共生关系形态。从共生模式的发展来看，早期的研究认为能够对双方都产生利益的关系才能够被定义为共生，而后的学者则将共生的内涵及外延不断扩展，将寄生、栖生（共栖）、竞争性共生等内容也囊括进来。施密特等（Schmidt et al.，1985）将互利共生（mutualism）、共栖（commensalism）和寄生（parasitism）都纳入共生范围内。当前，对于共生的类型划分很多，大部分的类型划分都以能否给对方带来利益（或损害）为标准。例如西尔维唐和查尔斯沃斯（2003）将共生划分为：竞争（双方都受损）、寄生（一方得益一方受损）、互利共生（双方都收益）、偏利共生（一方收益另一方不受影响）、偏害共生（一方受损另一方不受影响）。何自力等（2006）按利益关系将共生划分为6种类型：（1）双方皆受益，如互利共生（mutualism）、互养共栖（syntrophism）和协同共栖（synergism）；（2）一方得益一方受损，例如寄生、捕食；（3）一方得益另外一方不受影响，例如偏利共栖（commensalism）、互生（metabiosis）；（4）双方都不受损（双方也不获益），例如共栖（meutralism）；（5）一方受损另一方不受影响，如偏害共生（amensalism）；（6）双方同时受损，例如竞争共生（competition）。本书综合以往研究，参考威尔逊（Wilson，1975）的经典文献，将共生类型进行归类，并进行解释，同时列举了共生类型的典型案例以便于理解，如表2-1所示（本书在第三章进行更为细致的比较分析）。

表2-1　　　　　　　　　　　共生类型、释义及典型案例

共生类型	释义	典型案例
竞争共生	共生不产生新能量，双方都受损（一方受损更多一些，或者双方受损均等）	草原垦荒既造成环境破坏也导致耕地抛荒
偏害共生	共生不产生新能量，一方受损，另外一方不受损	大超市对周边中小超市的负面影响
寄生共生	共生不产生新能量，存在寄主方向寄生方的能量转移，寄生方得益寄主方受损	知名品牌的多元化经营（小米空气净化器）
偏利共生	共生产生新能量，一方获得全部能量，另一方不受损	居民区利用发电厂余热供暖
互惠共生	共生产生新能量，双方都得益（一方收益更多一些，或者双方收益均等）	农户种植防风固沙的梭梭树寄生肉苁蓉

资料来源：根据威尔逊（Wilson，1975）的类型划分及笔者的整理。

共生界面是共生单元相互作用、相互沟通的载体、通道以及媒介。共生界面是共生单元之间的沟通交流方式以及内部作用机制的总和。对于环境导向创新和经济导向创新的共生关系而言，只有通过共生界面，两者之间才能够进行相应的物质、能量以及信息交流。虽然在不同类型的共生界面中，共生单元的形态、作用存在差异，但是总体上来说，共生界面对共生单元之间特定共生模式的形成和发展起到了非常重要的作用。对农业企业生态创新来说，农业企业就是两种创新类型的共生界面，农业企业的具体特点（例如规模、大小、财务状况）和行为方式（例如战略方向、经营方式、业务流程等）决定了两种创新的特点和物质能量的交流方式。对于中小养殖户来说，环境的外部性使得他们更加关注经济导向创新；国有农业企业的经营性质也会使得国有农业企业相对更加关注环境导向创新。

共生环境指的是共生单元以外的所有外部因素的总和。共生单元环境的外延非常广泛，既有组织内部的环境，也包括组织外部的环境，具有多重性的特点，不同层次的共生环境对共生单元的影响也存在差异性。按影响方式的差异性，共生环境可以划分为直接环境和间接环境；按照影响程度的差异性，共生环境可以划分为主要环境和次要环境；按照影响层次的差异性，共生环境可以划分为宏观（社会）层次、企业层次以及个体层次。由于农业生产的特殊性，影响农业企业生态创新的影响因素既有自然环境因素，也有社会环境因素，还有农业企业的性质以及农户的特点等多个方面。

（二）共生理论的研究范式和研究内容

学者们在运用共生理论对具体问题的分析过程中会采用不同的研究范式、不同的研究工具进行具体的探讨。从现有研究来看，既有定性的案例分析，也有数学模型构建和数据检验。案例分析通过对共生形态、特征的总结和归纳进行经验性指导。数理模型分析通过对共生关系类型、影响因素、结果的理论建模进行数理推导，并设计代理变量进行假设检验。

1. 对共生的定性案例研究

案例研究是针对具体组织、具体问题（方案）所进行的例证说明，能够对类似的组织（问题）提供参考性的处理方法，具有针对性、特殊性和直观性的特点。作为一种特殊的经济现象，区域（集群、工业园）范围内、（工业）产业范围内以及企业内部的共生现象都很特殊，因此对于共生现象的案例研究较多，分析对象也呈现多元化的特点。

第一，从区域产业共生的研究来看，李南和梁洋洋（2016）运用比较案例的分析方法探讨了天津、青岛等地区的临港区域各类产业共生情况的异同，并对不同区域的临港产业共生发展趋势进行了分析。第二，从工业园区的产业共生来看，吴志军（2010）以南昌高新工业园区为例，研究工业园内部相关产业的串联耦合模式、并联耦合模式及多重耦合模式对产业之间共生的影响，以及对工业园区可持续发展的作用。第三，从产业共生的案例分析来看，郭文等（2008）以中央电视台无锡影视基地为例，探讨了无锡影视基地建设和旅游产业开发的共生模式，提出文化产业和旅游产业的共生特点、趋势以及未来发展方向。邵云飞等（2015）运用斯坦福大学的协同创新案例，分析了教育产业、高科技产业领域以及行政部门的共生关系，并研究共生关系内部的共生单元、共生环境和共生模式的特点。第四，从企业内部的共生案例来看，温兴琦（2016）运用武汉生物技术研究院的案例，对企业内部创新系统的结构层次、运行机制进行了阐释。通过对共生案例的分析，能够对共生理论、共生要素、共生内部结构特征、共生影响因素等内容产生更为深刻的认识。但对于这些特殊案例探讨的同时，也需要认识到其分析的层次范围以及视角的局限性。

2. 对共生的数理模型分析

数理模型分析产生于自然科学领域内，通过对研究对象进行大量的观察、调查以及实验，建立数理模型，获取客观数据并加以检验，归纳出研究对象本质属性和发展规律。这种研究注重模型建立、调查研究、统计分析等方法。对共生的数理模型分析中最普遍的是采用 Logistic 模型，生物学用该模型测量共生领域中的种群增长规律。处于共生状态的种群增长速度呈现一种倒"U"型曲线状态：增长速度在初始阶段是最快的，当种群数量到达一定规模后增长速度减慢，最后种群数量达到饱和的状态，种群数量停止增长。受到共生环境及共生界面的影响，这个过程虽然存在一定的差异性，但总体趋势相同。该模型由珀尔和韦尔斯特提出，用于分析人口增长的特点和趋势（纳塔利，2006）。

当前大部分对共生现象进行数理分析的文献都采用 Logistic 模型。刘满凤和危文朝（2015）研究集群内部企业之间的共生关系，通过构建扩展的 Logistic 模型，分析了其共生的条件及共生稳定状态的要求。冯锋等（2013）从产学研的共生关系出发，将产学研合作共生划分为 15 种类型，并运用扩展的 Logistic 模型反映共生关系中的质参量兼容现象，建立了可用于共生关系的加权复杂网络计算方法。马旭军和宗刚（2016）定义了企业和员工的共生关系，运用 Logistic 模型分析了共生行为模式以及其稳定性。在共生关系的数学模型方面，Logistic 模型虽然占据着研究的主流方向，但采用其他模型和计量方法的研究也越来越多。例如周建亮等（2015）建立金融发展与实体经济增长的脉冲响应模型，研究金融发展与实体经济增长之间的共生关系。谭建伟等（2014）采用洛特卡 – 沃尔特拉（Lotka – Volterra）模型，探析共生系统内部科研机构、企业、高校之间实现合作共生的条件。李天放等（2013）建立了共生聚集度与共生兼容度评价模型，运用 30 个省（区、市）的统计数据探究区域之间的共生系统，对技术生成、技术转移以及技术吸收的影响。伴随着对共生理论研究的深入，对共生系统研究的数学模型研究也更加丰富。但是数学模型也面临着标准化程度过高和普及型差等问题。由于实际情况的复杂性，大部分数理模型以理论分析为主，难以进行实证数据的验证。而对于农业这种区域差异化程度高、共生关系复杂性程度高的行业来说，数学模型如何兼顾标准化和普及化的问题非常重要。而且，对于共生关系的理论研究不仅需要分析共生的类型、特点，还需要分析其影响因素和结果，也就是需要对共生现象进行原因及过程分析，才具有更大的理论意义和实践价值。

（三）共生理论在农业生产和创新领域的运用

大量对于共生的研究集中在工业生态领域内，包括产业之间（产业链、上下游产业）的共生研究、产业集群内部企业的共生研究、工业园内部企业的共生研究、企业之间的共生研究、企业内部要素之间的共生研究。对于农业生产和生态领域内的共生文献主要集中在三个方面：第一，对农村区域（农业产业园）共生现象的研究；第二，对农业生产过程、农业产业链（价值链）共生现象的研究；第三，对农业企业共生创新现象的研究。

1. 对农村区域（农业产业园）共生现象的研究

这类研究类似于工业园区的共生研究，一般采取案例分析的方法，将共生理论运用到农业产业园区、生态示范园区以及乡镇等区域范围内，探讨农村区域内部不同行业、产业和经济利益主体共生的现状以及未来发展趋势。

在农业产业园共生的研究方面，李虹等（2008）以河南新乡七里营镇的"共生循环经济产业园"为研究对象，探讨北方村镇中的循环共生经济现象，研究发现农村中的乡镇共生经济以农业为基础，构建了三个产业共生发展的模式。文章分析了根据区域特点构建循环经济体系，实现广泛意义上的产业共生循环经济的方式。熊伟等（2013）分析了湖北巫山大昌湖特色循环农业生态示范园区的多业共生耦合循环农业生态系统，生态示范区不同产业围绕农业发展和环境保护这两个目标，发展出多业态的共生耦合农业循环经济模式，实现了鱼类、食草畜牧、生猪、柑橘特色产业共生，循环发展的农业生态产业链体系，不仅满足了示范园区的农业发展、农民增收等经济目标，还实现了水库资源保护、环境优化等生态文明建设目标。刘晶茹等（2015）以郑州经济技术开发区的"农工共生型生态产业园"为研究对象，研究以工业园区为核心，聚集园区周边的乡镇、农业企业、农业专业合作社、农户、农田组成"社会—经济—自然"区域产业共生体系。当地的农工共生型生态产业园构建了三条产业链和一条服务链，使得农工商符合产业体系得以构建，不仅带动了核心园区与周边产业的协同发展，还提升了区域整体的生态效率。贺坤和李小平（2015）研究了共生与产业融合复合视角下的休闲农业园区的规划和实践问题。他们以浙江万家丰现代休闲农业园的结构和功能布局为例，研究发现现代农业休闲园区需要进行多产业、多学科的融合和交叉研究，从产业发展和生态保护这两个核心功能出发，以共生网络、产业融合的结构构造为目标，实现现代农业的可持续发展布局，达到农业生产、农业旅游和生态环境的有机结合目标。

在农村区域共生的研究方面，俞雅乖等（2011）以浙江省宁波滕头村构建的城市农村共生体系为例，探讨了新农村建设过程中生态文明的载体特征，包括生活生态、经济生态和环境生态。滕头村构建的城市农村共生体系展示了生态新农村建设的创新举措，形成物质文明、生态文明、政治文明和精神文明的良性循环，实现可持续发展和小康社会的共同目标。郭永昌（2011）探讨了农村社区—景区共生模式的概念、特点以及运作模式，认为需要在传统乡村旅游的基础上，构建农村社区—景区共生模式，并对该模式的经济效益和环境绩效进行了评估。

2. 农业生产过程、农业产业链（价值链）过程中的共生现象研究

对农业生产过程中共生模式的研究相对较多，主要是对稻鱼共生、稻鱼鸭共生、稻蟹共生、虾蟹共生、鸡桑药共生等模式的案例分析。张丹等（2009）通过对江苏青田县和从江县的稻鱼共生系统的比较案例分析，发现稻鱼共生系统既能够实现更好的市场价值，而且也能够提高稻田的气体调节和养分保持价值，实现经济绩效和环境绩效的双赢。张波等（2015）总结了民国以来广东地区的稻田养鸭模式，将广东地区的稻鸭共生模式进行了描述和分类，并指出稻鸭共生种养模式在发展传统技术的基础上进行创新，已经成为现代农业的重要组成部分。张琳杰等（2014）以贵州从江稻鱼鸭共生模式为例，从面源污染的预防和治理入手，探讨稻鱼鸭传统农业生态系统和现代农业科技结合的模式，实现环境绩效、社会绩效和经济绩效的多方面目标，从而达到现代农业的可持续发展。除了对稻鱼鸭共生模式的研究以外，还有对稻蟹共生生态系统（徐敏等，2014）、鸡桑药共生模式（赵丽平等，2012）的案例研究等。

3. 对农业企业创新的共生现象研究

对农业企业创新的共生研究集中在创新主体的共生层面。研究者们发现，创新主体之间存在创新耦合关系，这种共生关系能够帮助农业企业在创新过程中进行信息、物质和能量的交换互补，提高科技创新能力。徐彬等（2010）针对我国农业科技转化率低下的问题，通过对四川万安石斛产业科技园的案例分析，构建了基于链共生组织的农业科技成果转化模式，提出建立"科研机构＋政府部门＋产业园＋农户"的链共生运营模式，用于提高农业科技成果的转化率。徐彬等（2010）在剖析农业科技企业技术创新问题及现状的基础上，指出农业科技创新存在多个创新主体，即政府行业主管部门、科技研发机构、科技传播机构、技术推广机构、生产经营机构和农户（农业合作组织），为了提高农业科技成果的转化能力，需要建立创新主体之间的多元创新系统，才能够实现科技创新的战略目标。

陈志明等（2012）以农业科技企业为例，分析了企业在技术创新管理过程中，各个要素之间存在区域网络型、资源共享型、互惠共生型、协同竞争型的共生模式，使得要素之间的能量传递、物质交流、信息交换存在合同互补的共生关系，农业科技企业、高校和农业合作社之间的要素耦合关系能够促进农业科技企业的科技创新的能力和水平。

二、双元性理论对环境和经济导向创新关系的研究

（一）双元性理论的概念和内涵

当前的组织在复杂多变的外部环境之中，经常需要选择到底是立足于当前利益，还是未来发展的"两难"境地。以农业种植企业为例，很多时候为了追求短期的产量和经济利益施用大量的化肥农药，企业非常清楚未来的竞争优势来源于生态、绿色以及无公害无污染，但是企业究竟是应该追求短期的经济利益，还是为了未来的竞争优势降低当前的盈利呢？如果过度追求未来的竞争优势，投入过多的资源进行环境保护，是否会影响企业当前的利润，甚至会危及企业的生存？这种被称为组织"生产悖论"（productivity paradox）的现象正是双元性理论（ambidexterity theory）的起源。管理领域内对双元性的研究最早来自创新领域内对开发性创新和探索性创新之间关系的探讨。因为这两类创新都需要消耗资源，开发性创新投入资源后能够快速产生利润，探索性创新投入资源后难以快速产生利润，但是探索性创新能够对企业未来利润和竞争优势产生正面作用。双元性理论研究的核心内容在于，企业如何进行平衡，使这两种矛盾性的创新模式能够达到互惠共生的状态。当前对于双元性的研究已经在战略管理（双元战略）、组织设计（双元组织）、领导方式（双元领导）、组织职能（双元营销、双元生产）等多个领域内得到了广泛运用和实证检验。

奥赖利和塔什曼（O'Reilly & Tushman，2013）总结了双元性理论的发展，并从狭义和广义两个方面界定了双元性理论。从狭义角度来讲，双元性指的是企业同时实现探索创新和开发创新的能力；而从广义上来说，双元性指的是组织同时实现两种差异化甚至竞争性行动的能力。双元性理论并非指的是某种创新（例如探索性创新或者开发性创新），也

不仅仅是两种创新之间的"权衡"。更深层次上，双元性本质上表现出企业能够同时"左手画圈"和"右手画圆"的一种"双元能力"。这种双元能力能够帮助企业在组织内部实现两种创新的"兼容互补"，产生难以模仿的竞争优势，从而为企业绩效做出"独特"贡献。因此，双元性理论指的是组织致力于培养特定的能力、设计特殊的结构和行动机制，从而实现两种相异甚至相互矛盾行为的过程。盖达洛维奇（Gedajlovic，2009）将组织双元性从结构上划分为两个维度。第一个维度是双元性的平衡维度（balance dimension of ambidexterity，BD），表示企业对两种创新的资源投入、重视程度等内容差异性不大，不会因为过于重视一种创新而忽视另外一种创新。两种创新之间的"平衡"维度可以用共生理论中的"共生临界点"进行解释，如果共生单元不达到一定的数量（规模），共生单元之间无法形成稳定的共生关系，相互促进、互补等互惠共生状态更无法维持。也就是说，如果对探索性创新投入资源较低，导致探索性创新能力不足，那么探索性创新无法对开发式创新产生促进作用，两种创新之间的互补维度也无法实现。双元性的第二个维度是双元性的互补维度（combined dimension of ambidexterity，CD），表示两种创新之间能够形成协调、互补及相互促进的关系。

当前，对双元性理论的研究已经得到创新、组织行为学、战略管理、领导学等多领域学者的关注。AMJ（*Academy of Management Journal*）、OS（*Organization Science*）以及JOM（*Journal of Management Studies*）等管理学权威期刊都对双元性问题进行过专题讨论，这将国内外对双元性的研究逐渐推上了高潮。双元性理论之所以得到国内外学术界的重视，就是因为其理论突破了以往对于战略管理、组织行为以及创新领域的"权衡取舍"（trade-off）的"一元"研究结论（Ducan，1976），而是追求组织多个目标之间的"双元—共赢"目标。这与当前剧烈变化的政治、经济和技术等外部环境对企业动态能力提出了更高的要求是密切相关的（郑晓明等，2012）。对很多企业来说，迈克尔·波特（1980）提出的"成本领先"或者"目标集聚"战略更适合静态的外部环境。但是面对当前剧烈变动的外部环境，企业的战略转型、技术调整、组织变革往往呈现一种"跳跃式"发展的特点（例如诺基亚无法适应手机产品从功能手机向智能手机的跳跃式变革）。这就使得企业聚焦于"单个"目标的传统战略难以形成竞争优势，企业需要同时实施差异性的战略行动，追寻多重目标，在短期经济利益和长期竞争优势之间取得平衡，在提高经济效益应对目前状况的同时，又需要适应外部环境变化构建竞争优势以应对未来发展。这种能够管理并应用两种相异甚至相互矛盾目标的能力被称为组织的双元能力（ambidex-trous competence）。由于不同的组织目标在经营逻辑上存在差异性，因此组织需要进行内部变革和调整，降低两种经营模式之间的对立关系，形成双元能力，从而帮助企业获得未来的竞争优势。

（二）双元性理论在创新领域内的研究进展

虽然双元性理论在诸多领域都得到发展，但是创新领域始终是双元性理论最主要的研究方向。随着对组织双元性问题研究的逐渐深入，国内外研究者们已经从外部环境、政府环境规制、行业特征、企业能力、领导能力等多个层次构建了"影响因素—双元性创新—企业绩效"的理论模型，并进行了假设检验。

1. 环境因素对双元创新的影响分析

何红渠和沈鲸（2012）分析并验证了外部环境影响国际化企业双元能力并提升企业国际化绩效的路径，发现环境复杂性和环境动态性正向调节了双元能力和企业的国际化绩效，双元能力在环境动态性和国际化绩效之间起到了中介作用。薛捷（2015）通过对珠三角地区中小企业的实证分析，研究了区域创新环境对科技型小微企业双元创新的影响。研究发现区域要素环境、文化环境和政策环境对双元性学习具有显著正向影响，并能够作用于创新产品差异化和顾客满意度。面对新的网络性的外部环境，李俊华（2016）探讨了网络环境下企业双元性创新能力生成的内在机理，发现企业在网络化环境下，能够通过对双元创新的识别和理解，进行资源的重新配置，以解决企业面临的新变化。

2. 政府环境规制对双元创新的影响分析

在政府环境规制对双元创新产生正面影响的研究方面，王益民和梁萌（2012）基于中国上市公司的样本数据，分析了政治关联、治理机制对双元性创新的影响。研究发现，企业的政治关联程度能够影响双元性创新，并与财务绩效正相关。在政府环境规制对双元创新产生负面影响的研究方面，张峰和王睿（2016）基于世界银行 2012 年的中国私营企业调查数据，发现政府管制对双元创新效果存在部分削弱效果。政府管制导致的税收负担负向影响了探索式创新和新产品研发绩效之间的关系，但是正向调节开发式创新与新产品研发绩效之间的关系。研究结论说明政府的过度管制会给双元创新带来负面效应，不利于企业转型升级。也有研究发现政府对双元创新的影响是存在条件的。沈弋等（2016）利用高科技上市公司数据，对双元创新的动因进行了分析，发现政府扶持政策能够显著增强企业的研发投入，但是该政策对于不同产权性质的企业存在差异性的影响，政府扶持政策能够显著增强国有企业的双元创新水平，但是这种扶持政策的效果对于民营企业并不显著。这说明政府环境规制对双元性的影响受到行业性质、企业规模、企业性质等因素的调节。

3. 行业特征和企业能力对双元创新的影响分析

从行业特征来看，马媛等（2016）分析了资源性行业中，双元性学习在绿色创新和企业收益之间的中介作用。对于资源性行业这种可能对环境产生破坏的行业中，绿色创新对企业经济效益能够产生正面的作用，双元性学习在其中起到了中介作用。从企业能力来看，李桦（2012）研究了企业拥有的战略柔性通过双元创新对企业绩效的影响，通过问卷调查进行了假设检验，发现企业拥有的战略柔性能够促进双元创新并提高企业绩效。詹森等（Jansen et al.，2012）发现，资源相互依赖程度较低、资源丰富程度更高以及分散化程度更高的行业内的企业，更能够促进双元能力，行业特征能够通过双元能力影响组织的绩效水平。胡保亮（2015）的研究发现，特定的商业模式能够通过双元性创新对企业绩效产生影响。他运用问卷调查方法研究了以效率为中心的商业模式、以新颖为中心的商业模式，发现企业特定的商业模式对于双元性创新存在促进作用，同时也影响了企业绩效。马蓝等（2016）采用高技术企业的样本数据，分析企业具有的合作经验，能够促进双元性学习，并进而提高组织的创新能力。企业如果缺乏对合作经验的不断学习和挖掘，就会影响组织的双元创新能力和创新绩效。林琳和陈万明（2016）针对新创立企业，研究了战略上的创业导向对双元创业学习及企业绩效的影响，构建了创业导向、双元创业学习及企业绩效的理论模型，并进行假设检验，发现企业战略上的创业导向能够促进双元创业学习能力的提高，进而影响企业成长绩效和生存绩效。

4. 领导及员工能力对双元创新的影响分析

除了宏观层面和组织层面因素对双元创新的影响以外，领导者及员工的个人知识和能力也能够影响企业的双元创新能力。霍尔姆奎斯特等（Holmqvist et al.，2012）发现具有良好的情绪智力和管理能力的员工才能够成为理想的双元型员工。这些情绪智力和能力包括：既有社会能力和体力，也有管理的欲望和韧性；释放感情的同时也能够进行自我约束；既拥有发散性思维也能够集中精力；既能够挑战权威也能够遵守组织规范。邓少军和芮明杰（2013）对浙江金信公司战略转型的案例研究发现，高层管理认知对企业双元能力的构建起到了重要的作用。企业高层管理人员对环境、市场和企业的认知帮助企业构建结构型、领导型和情景型的双元能力，从而提高绩效。李忆等（2014）分析了家长式领导对双元创新的影响，在不同的战略模式下，家长式领导的不同维度对创新也存在影响的差异性。在防守型战略下，仁慈型领导对探索性创新存在负面影响；在前瞻性战略下，德行领导对探索式创新存在正面影响。普列托等（Prieto et al.，2012）总结了领导双元性的特征，包括了领导具备合作能力以及创新能力，领导的双元能力与组织的双元能力存在正相关关系。孙永磊和宋晶（2015）研究企业双元领导风格对组织创新的影响。文献以生物制药、电子信息等高科技行业企业为研究对象，探讨不同领导风格对企业组织创新的影响。研究发现变革型领导风格有利于新颖性创新，交易性领导风格有利于实用性创新，平衡领导风格有利于组织的双元性创新。扎切尔等（Zacher et al.，2015）发现，双元性领导需要在既有知识经验和新知识经验之间实现平衡，不仅需要丰富的管理实践经验，还需要具备处理突发事件、意外事件和新问题的能力，能够根据环境发展，采取不同的认知方式，减少企业长期和短期追求目标的矛盾。吴俊杰等（2014）发现企业家的社会网络对双元创新及技术创新绩效具有重要作用。研究以民营高科技企业家为研究对象，研究结果表明，企业家的社会网络对双元创新存在显著正向影响，社会网络的广泛性、达高性和关系强度作用于利用式创新进而影响了创新绩效；社会网络的异质性和广泛性作用于探索式创新进而影响了创新绩效。

第五节　生态创新研究综述

一、生态创新的双元概念内涵及特点

当前的研究已经对生态创新的概念界定、测量方式、影响因素以及作用等方面进行了探讨，并得出了许多重要的研究结论。但由于生态创新的研究文献有限，所以本书扩大了文献综述范围，将绿色创新、环境创新以及可持续创新等领域内的类似文献也整合进了研究综述之中，以便于对生态创新的概念内涵、特征、测量、影响因素进行更为全面和细致的评述，分析现有文献的意义及不足，发现研究问题和突破点，为本书后续的理论推演、案例分析、模型构建和假设检验提供研究基础。

从生态创新概念来看，理论界已经逐渐认识到，与环境创新、绿色创新、环保管理以及可持续创新等名词相比较，生态创新是刻画具有高生态效能创新的众多概念中最精确和最成熟的概念。很多学者已经从双元视角对生态创新进行了界定，福西尔和詹姆斯（Fussier & James，1996）首次对生态创新进行概念界定时明确提出，生态创新就是"既能显著降低对环境的影响又能为企业带来商业价值的创新"。后续的研究都承认，生态创新在促进环境绩效提高的同时，也需要考虑经济绩效问题（企业盈利或者政府补贴），从而保证环境导向创新的可持续性。瑞德（Reid，2008）认为生态创新是在产品生命周期内，一方面能够以最少的自然资源消耗和有害物排放来满足人类需要和提升每个人的生活质量，另一方面也能够创造有价格竞争力的新的产品、工艺、系统、服务和流程的创新。国内学者杨燕（2013）将生态创新界定为企业有意地追求环境和经济双重收益的创新。蔡乌赶等（2013）也认为生态创新是给客户带来具有商业价值的新产品和新过程而且大大降低对环境影响的创新模式。

从生态创新追求的目标来看，也具有明显的双元性特点。霍巴赫（Horbach，2014）明确指出，除非生态创新的成果在产品性能方面没有因

为促进环境绩效而下降,否则不会在市场上取得长期的成功。霍巴赫(Horbach,2008)在总结以往文献的基础上,认为从生态创新导致的环境和经济双赢的结果上来看,生态创新具有两大特点。第一,和其他创新相比,生态创新更依赖于环境规制,政府必须制定并实施严格的环境政策才能让企业意识到生态保护的重要性,并实施生态创新;第二,原材料及能源等方面的成本节省和创新对于生态创新更为重要。因为如果企业由于过于关注环境方面的创新而导致经济利益受损,从长期来看,这种创新是难以持久的。当前,学术界已经开始逐步接受生态创新存在双元(经济导向创新 + 环境导向创新)驱动机制这一理念(彭雪蓉等,2013),并将生态创新界定为环保创新(对环境友好但不考虑商业价值的创新)与传统创新(具有商业价值但不考虑环境影响的创新)之间的交叉领域。

这就说明,如果根据创新的"目的"以及特点来划分,生态创新内部存在"经济导向创新"(主要针对商业价值创新)和"环境导向创新"(主要针对环境优化创新)两种创新类型(方向)。只有存在这两类创新类型,才使得生态创新能够同时达到经济绩效和环境绩效的"双元目标"。对于企业、农户等市场经济主体来说,由于资源是有限制的,而且创新目的不同,经济导向创新和环境导向创新会对有限的资源产生"争夺",而且同时进行两类方向上存在差异性的创新模式,对企业的战略方向、管理能力以及组织惯例也是挑战。更为重要的是,环境导向创新可能无法产生经济收益,企业、农户等经济主体如何有动力去实施环境导向创新?政府环境规制和补贴政策虽然能够在短期内促使经济主体实施环境导向创新,但是这种状况是难以持续的,也会损害经济主体创新的积极性。

双元视角的生态创新是"组织同时实施差异化甚至竞争性的创新活动",使得这些创新活动能够产生相互促进的互补效应。以农作物秸秆的资源化处理为例,传统上对于农作物的秸秆不进行处理直接丢弃,或者进行焚烧积肥,但都会造成环境污染。但在国家命令型环境规制或者补贴政策下,农业企业可以将农作物秸秆进行无害化处理,这属于环境导向创新,但是纯粹的环境导向创新虽然可以减少环境污染,可能并不产生经济效益(或者只能够产生较低的经济效益),这会影响经济主体的行动积极性。一旦国家环境规制不严格执行或者补贴资金不到位,环境导向创新难以持续实施。但是双元视角的生态创新却需要农业企业在进行环境导向创新的同时也考虑经济导向创新问题，考虑两种创新之间的互补和相互促进，既保证环境绩效的实现，也通过经济绩效的实现保证可持续发展。在农作物秸秆的资源化处理案例中，农业企业在对农作物秸秆进行无害化处理（环境导向创新）的过程中，还需要根据市场需求和生产成本选择特定的农作物秸秆处理方式。例如某些地区畜牧业发展，饲料需求较多，就可以对秸秆进行脱水干燥和生物发酵等方式进行饲料生产；某些地区食用菌需求较多，就可以对秸秆搭配麦麸、豆饼等氮源，生产食用菌有机固体物料；某些地区燃料需求强烈，就可以对秸秆进行生产颗粒、块状、棒状等成型燃料，或者转化为清洁可燃气体。市场经济主体同时实施环境导向创新和经济导向创新的双元创新活动，才属于生态创新。

从现实情况来看，作为发展中国家，中国区域之间的自然环境和经济发展水平差异巨大，农村贫困人口众多，很多以农业为重要产业的内陆地区在面临严峻环境压力的同时，也具有强烈的经济发展需求，这些地区的农业经济主体需要追求经济效益和环境绩效的"双元性目标"，因此双元导向的生态创新对我国农业的可持续发展具有重要的理论价值和现实意义。处于转型阶段的中国，需要正确处理好环境保护和经济发展的关系，努力达到习近平总书记提出的"既要绿水青山，又要金山银山""绿水青山就是金山银山"的最优状态。

二、生态创新的结构维度及测量

（一）生态创新的结构维度

要实现生态创新的作用和价值，就需要对生态创新的概念内涵进行操作化处理，划分类型、结构维度并进行测量分析。但是当前对生态创新的类型和维度划分尚处于探索之中。之所以会出现这种状况，原因在于学术界对生态创新"双元性"的操作变量设计上存在较大差异。部分学者借鉴创新或环保领域的维度分类方式，将生态创新作为"一般性"的环境创新，进行维度划分。而另外一部分学者从生态创新的"双元性"特征出发，试图系统考虑环境导向创新与经济导向创新之间的整合问题。

德尔里奥（Del Río，2009）根据一般创新的特点，将生态创新的类型划分为流程/生产创新、成熟/不成熟创新、跨越式/增量式创新。德米雷尔和克斯窦（Demirel & Kesidou，2011）根据环境导向创新技术方面的特征，将生态创新划分为末端污染控制技术、整合清洁生产技术、环保技术研发。但是，更多的研究同时考虑环境导向创新和经济导向创新，试图将环境导向创新和经济导向创新都放入生态创新的概念框架之中。肯普（Kemp，2008）认为生态创新应该包括技术创新、组织创新以及市场创新。经济合作与发展组织（OECD，2009）定义了四种生态创新类型：产品创新、流程创新、组织创新和市场创新。霍巴赫（Horbach，2008）和特里格罗等（Triguero et al.，2013）研究了三种生态创新模式：生态流程创新、生态产品创新和生态组织创新。成（Cheng，2014）总结了生态创新的三种类型：生态流程创新、生态产品创新和生态组织创新（见表2-2）。

表2-2　　　　　　　　　　以往研究对生态创新的维度划分

划分角度	生态创新维度划分类型	文献出处
业务流程	技术创新、组织创新、市场创新	肯普（Kemp，2008）
组织创新	生态流程创新、生态产品创新、生态组织创新	经济合作与发展组织（OECD，2009）；霍巴赫（Horbach，2008）；特里格罗等（Triguero et al.，2013）；成(Cheng，2014)
市场角度	产品创新、工艺创新、管理创新	瓦格纳（Wagner，2007）；希俄斯（Chiou，2011）
业务/组织流程	产品创新、工艺创新、组织创新、市场创新、商业模式创新	杨等（Yang et al.，2012）
绿色创新类型	绿色技术创新与绿色管理创新	齐（Qi，2010）
一般创新类型	流程/生产创新、成熟/不成熟创新、跨越式/增量式创新	德尔里奥（Del Río，2010）
环境管理	末端污染控制技术、整合清洁生产技术、环保技术研发	德米雷尔和克斯窦（Demirel & Kesidou，2011）

资料来源：笔者根据相关文献资料整理。

从现有的对生态创新的结构维度划分来看，大部分研究都承认生态创新内部存在经济导向的创新维度（例如市场创新、管理创新）和环境导向创新维度（技术创新、工艺创新）的内容。但是对于这两种创新的组合方式、相互关系以及作用机制没有进行研究，只是简单地将其作为生态创新的不同维度分别进行研究。而从生态创新的内涵，特别是农业企业生态创新的内涵分析之后发现，单独实施环境导向创新或者经济导向创新往往会出现较大问题，农业生产过程既包括经济再生产的过程，也包括自然再生产的过程。因此，需要系统性地考虑生态创新的结构及维度问题。而且，从农业企业生态创新的内涵来看，双元视角的生态创新内部环境导向创新和经济导向创新之间，存在着物质能量交换，这种物质能量交换使得生态创新能够产生"1＋1＞2"的效果，这是简单将几个变量做"平行"处理的传统生态创新研究方式无法比拟的。双元视角的生态创新并不是"单独"地研究环境导向创新或者经济导向创新的创新，因为这种模式和"绿色创新""环境创新"等概念相比，除了名称上的差异之外，并没有实质上的区别。双元视角的生态创新需要研究环境导向创新和经济导向创新之间的结构关系问题，这两种创新模式应该如何组合，才能够实现平衡和互补，相互促进产生"1＋1＞2"的效果，最终达到环境绩效和经济绩效双赢的局面。

（二）生态创新的测量方法

从双元视角生态创新维度的测量方法来看，对于生态创新存在两种测量方法。第一种是直接编制测量生态创新的题项（指标），对生态创新进行直接测量，这种方法类似于对"情景式双元"的测量。成（Cheng，2014）采用的就是这种测量方式来测量中国台湾地区企业的生态创新对绩效的影响。第二种是参考"结构式双元"的测量方法，分别编制环境导向创新题项（指标）和经济导向的创新题项（指标），再进行"双元性平衡"（两组变量差异的绝对值）和"双元性交互"（进行均值中心化后的乘积）的测量，这种测量方法在双元性创新的实证研究中得到了广泛的运用。

从生态创新的测量方法中，也需要认识到研究技术和研究方法对研究内容的限制。虽然从生态创新已有的维度划分来看，从技术流程、组织创新、污染控制等角度，已经能够对生态创新进行多个维度的划分，但是，当前只能对双元变量进行相互作用机制（如交互作用）的测量，对于多元变量之间的交互作用还无法进行测量分析。技术手段的局限性也迫使本书对于生态创新的研究，需要将生态创新的多个方面综合归类到生态创新最重要的两个维度（环境导向创新和经济导向创新）之中。

三、生态创新的影响因素

近年来，生态及环境经济学领域的文献已经开始探讨影响生态创新的各类因素，已经有部分研究探讨了生态创新的影响因素，认为生态创新的影响因素应该是多维的，既有外部环境和制度层面的影响因素，也有组织层面的影响因素，同时，领导和员工的能力也起到了一定的影响作用。

（一）外部环境和制度层面的影响因素

外部环境和制度层面会对生态创新产生巨大的影响。社会责任理论认为，社会压力以及公众对环境友好型产品和流程的期望可能不会直接导致对生态创新领域的投资，但至少会促使生态创新（或者是绿色创新）开始。瓦格纳（Wagner，2007）强调了活跃的消费者协会对生态创新的影响。在对德国制造企业的案例研究中，他发现占据主导地位的环境导向的利益相关者，会对生态创新产品的出现起到重要作用。

生态及环境经济学早期的研究大都强调外部环境压力、政府强制性政策工具对生态创新的影响，集中探讨各种制度（环境政策、技术标准、行为准则）、市场基础设施（庇古税、补偿体系）对限制企业污染行为的有效性问题。但是，近年来，越来越多的研究开始关注促进生态创新投资方面的制度设计问题。实证研究显示，外部环境规制越严格，越能够促进生态创新（绿色创新）的发展。在当前的背景下，制度已经不被看作是不合时宜、提高成本的因素，而被认为是激励企业生态创新的因素，而且形成了在市场环境下环境创新的"第一推动因素"，即制度作为市场性工具比强制性工具更能激发企业实施生态创新。究其原因，前者能对企业环保行为产生长效的经济激励，而后者直接规定企业环保绩效或环保技术水平。恰当设计的环境规制将诱导企业进行技术创新，通过成本优势或差异化抵销环境规制可能带来的成本，并提升竞争力，达到环境和经济的"双赢"目标。波特（Porter，1991）认为，第一，在环境规制之下，企业不仅可以认识到以往对资源利用的低效率，而且企业也通过环境规制明确了未来技术创新的方向；第二，环境规制提高了企业环境创新的意愿；第三，环境规制剔除了一些不合理的投资方向，降低了企业的投资风险；第四，环境规制产生的外部压力促使企业进行创新和发展；第五，环境规制会改变竞争环境，形成环境创新的氛围，使行业内部的企业都采用新的创新方式开展竞争，从而提升整个行业的竞争能力。"波特假说"及后续的实证检验不仅认为环境规制对环境绩效能够产生促进作用，而且认为在动态的环境中，良好的环境规制设计同样成为企业技术创新的催化剂，产生的学习效应以及技术补偿效应在改善环境质量的同时，也提高生产效率，抵销环境成本，提高企业竞争能力和盈利能力，最终提升整个行业/区域的竞争能力和效率。

除了制度规制以外，消费者的需求因素也对企业实施生态创新起到了积极作用。霍巴赫（Horbach，2008）发现，对于德国的制造企业来说，消费者的需求因素，是实施生态创新的重要决定性因素，因为这体现出对持续增长回报的预期。而且环境友好的产品也更能够被消费者认同，从而对企业的形象和声誉产生积极正面的影响。例如欧盟的生态标签提升了企业声誉，并作为企业承担社会责任的信号。生态标签帮助企业在市场战略中差异化其产品，并获得了竞争优势。企业绿色形象的深入人心，也提高了其产品的销售数量和销售价格，最终提高了利润。但是，也有研究显示只有在目标消费者表现出对关于绿色产品认证的浓厚兴趣，并愿意支付溢价之后，生产者才愿意开始产品的生态创新过程。但是如果消费者和股东都能够认识到环境导向的创新产品能够通过生态标签得到溢价，那么可预期的市场需求（市场推动需求）将促进企业对产品进行生态创新。对于中国消费者来说，收入的提高已经使得消费结构发生变化，使得消费者更加愿意消费更为环保的生态产品。贝恩公司与凯度消费者指数 2016 年发布的《中国购物者报告》指出，中国消费者消费品质已经开始提升，大量的消费者愿意花费更多的支出购买生态、环保型产品。这说明随着经济发展水平和收入水平的提高，中国消费者对生态产品的需求越来越强烈。

综合学者们的研究观点，外部环境和制度层面的驱动及影响因素主要包括以下四个方面：外部环境压力；政府环境规制/政策；利益相关者压力；消费者需求因素。

（二）组织层面的影响因素

作为直接实施生态创新的组织机体，企业实施生态创新的意愿受到上下游企业（战略联盟）的压力，并和组织本身的战略方向、自身的资源及能力、产业/技术特征等因素密切相关。

首先，约翰斯顿（Johnstone，2005）强调了上下游企业对组织实施生态创新的影响，基于组织声誉、合作机制以及成本收益的考虑，已经完成生态改造的企业更愿意选择和自身类型相似的企业进行合作，而不仅仅是考虑短期的成本或者收益。而需要进行生态创新的企业也需要寻求类似的上下游合作企业以改变其形象和战略，近期肯德基在中国媒体上投放的一则广告正说明了类似的问题，受到食品安全问题困扰的肯德基向消费者宣传："本企业采购的原料都来自中粮、雀巢等优质企业。"

其次，特里格罗等（Triguero et al.，2013）认为，环境产品创新比非环境产品创新更能够节省成本，但是企业往往需要在战略上牺牲短期利益以达到较高的中长期商业目标。企业引入环保的新产品或者重新设计现有的产品使之更加环保，并能够改进生产效率，集聚更多的消费者，改善企业形象。但是，生态产品创新的成功往往需要长时间才能实现，这就需要企业在战略方向上进行调整，将企业中的产品研发生产和战略制定紧密结合起来，这对于力图实施生态创新的企业来说是一种更为积极主动的方式。

最后，创新领域的研究表明，企业本身的产业/技术特征以及组织资源和能力会影响生态创新的投资水平和投资方向，包括企业已经建立起来的资源节约型生产、循环设备、污染处理系统以及绿色产品设计，能够很快地转换为生态创新。李桦（2012）的研究也表明，具有战略柔性的企业能够迅速地实现战略方向、产品生产、行动实施等方面的转型，从而实现组织双元性，创造更高的绩效。布伦纳迈尔（Brunnermeier，2003）和霍巴赫（Horbach，2008）进一步指出，生态创新系统真正能够发挥作用并不是研发部门单独能够做好的，整个组织都需要全面动员去发展和支持生态创新系统，所以，企业技术和管理的能力往往能够增强企业的生态创新能力。公司内部的所有资源（能力），包括有形和无形资产、技术、知识以及和其他企业的联系也能够促进生态创新，特别是企业内部存在的、具有环境考虑（经过环境培训）的人力资源（管理者和雇员）对生态流程创新能够起到增强的作用。

综合以往研究，组织层面的影响因素主要包括以下四个方面的内容：战略联盟和上下游企业压力；组织战略方向和行为；产业/技术特征；组织资源和能力。

（三）个体层面的影响因素

生态创新在实施过程中主要受到企业高管以及具体实施员工的影响。高管环保意识一般包括两个方面的内容：第一是高管对企业行为负面影响环境的认知程度（环境导向创新意识）；第二是高管对企业环保举措增加企业收入、降低成本等的认知程度（经济导向创新意识）。和高管行为类似，员工的环保认知和环保承诺对生态创新也应该具有一定的影响。因此，个体层面的驱动及影响因素主要包括两个方面的内容：一是高管意愿和行为特征，二是员工意愿和行为特征。

综上所述，在生态创新的影响因素中，政府的环境规制被认为是影响生态创新的"第一推动"的因素，组织实施生态创新的意愿受到组织层面因素的影响，而在实施的具体过程中，还受到企业管理和员工的行为特征影响（见图2-4）。

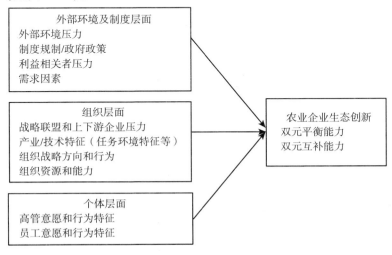

图2-4　生态创新的影响因素

四、文献研究综述

作为创新管理、环境管理和生态管理领域内崭新的研究主题，生态创新蕴含的双元理念已经成为理论界和实践工作者共同关注的话题，逐步进入了创新和环境管理的主流视野，并在欧美发达国家得到了实践验证。但是当前的研究也发现，由于需要达到环境和经济的双元目标，因此不能简单采用单一的经济或者环保导向的概念框架和理论逻辑体系来分析生态创新的内涵、特征及作用机制，而是需要寻求新的更具有解释力度的理论模型及研究框架。作为农业大国和发展中国家，中国农业的生态创新必须具备有别于西方发达国家的方式和特点，在环境保护的同时也需要注重经济绩效问题，从而达到环境绩效和经济绩效的双赢目标。

（一）已有的研究成果

第一，研究者们已经发现生态创新的重要性，并发现生态创新的重要特点是其对环境和经济的双重作用。与环境创新（environmental innovation）、绿色创新（green innovation）、环保管理（environmental management）以及可持续创新（sustainable innovation）等名词相比较，生态创新是刻画具有高生态效能创新的众多概念中最精确和最成熟的概念。生态创新与其他创新模式重要的差异之处在于：生态创新中的"经济导向创新"和"环境导向创新"之间存在"共生—共赢"关系，这就使得生态创新能够同时达到经济效益和环境绩效的"双元性目标"。这种追求知识溢出和生态保护"双重外部性"的创新模式特别强调经济/环境的共生—共赢关系。未来的很多研究将围绕着这种双元关系（"平衡""兼容""互补"）而展开。

第二，学者们已经从一般性创新、环保过程、企业生产经营流程等角度对生态创新的结构维度进行了构建和测量。但研究者们同时也注意到：单独实施生态创新中的经济导向创新或环境导向创新是没有效率的（或存在很大问题），需要全面分析这两者之间的结构和维度关系。

第三，学术界已经开始逐步接受生态创新存在双元（经济导向创新＋环境导向创新）内涵这一理念，并将生态创新界定为环保创新（对环境友好但不考虑商业价值的创新）与传统创新（具有商业价值但不考虑环境影响的创新）之间的交叉领域。

第四，研究者们发现外部环境和制度层面、组织层面以及个体层面都可能对企业实施生态创新产生影响。

（二）生态创新的理论研究正处于关键阶段

作为一种提倡生态创新和经济创新"共生—共赢"的双元创新模式，生态创新被国内外学术界认为是未来经济和企业发展的趋势。当前生态创新的研究正处于关键阶段，有很多核心问题需要进一步探索和研究。

首先，生态创新的理论框架需要突破和创新。这是因为当前对于生态创新的大部分研究都是借鉴传统创新的理论框架，结果导致很多生态创新的研究只是简单地将环境导向创新和经济导向创新单独放到理论模型中，忽视了这两者之间的"共生—共赢"的双元关系。如果只是简单将生态创新内部划分的维度作"平行处理"，那么生态创新和其他类似的绿色创新、环保创新就不会产生实质上的差异，只是个新的"概念游戏"。从福西尔和詹姆斯（Fussier & James，1996）首次提出生态创新的概念开始，生态创新的大多数研究都认为生态创新不仅需要强调环境目标，还需要强调"商业价值""竞争能力""经济效益"等经济目标，如果只强调单一维度，不考虑双元关系，那么生态创新导致的环境目标和经济目标就得不到良好的解释。当前学术界尚未找到适合的理论和分析框架来构建"经济导向创新"和"环境导向创新"之间的双元性关系（环境导向创新和经济导向创新如何实现"平衡""兼容""互补"等关系）。因此，本书需要运用新的理论和建立分析框架体系探讨经济导向创新和环境导向创新之间的平衡/互补关系，寻求一定条件下生态创新促进环境/经济共赢的交互作用模型。

其次，需要构建适合中国农业特征的生态创新体系。当前大部分对于生态创新的模型构建以及驱动因素的理论和实证检验都来自美国以及欧盟等发达经济体，例如德国、意大利和英国等，国外的研究框架和检验结论是否适合中国还需要进一步探讨。而且与工业和服务业相比较，农业生产过程中自然再生产和经济再生产的结合特征，使得农业企业生态创新的环境导向创新和经济导向创新之间的互补关系呈现显著的行业特点。和发达国家普遍重视环境和经济共赢的生态创新不同,我国农业领域内的生态创新基础条件薄弱,很多地区的农业发展还维持着粗放型和资源环境消耗型的发展模式,环境创新资源投入不足,环境关键技术自给率较低,环境创新能力薄弱。如果仅依靠环境导向创新,难以对农业企业和农户产生激励作用。如何将经济导向创新和环境导向创新相互融合,使得生态创新能够产生比单独的环境导向创新和经济导向创新更大的作用,这将是本书的研究重点。

最后,需要探索农业企业实施生态创新提高环境/经济效益的实施路径模型。当前的生态创新研究大部分单纯考虑环境绩效问题,生态创新的特殊性在于其能够同时促进经济/环境绩效的提高。如果没有经济方面的激励,农业企业改善生态环境的创新将是难以持久的。因此,研究还将需要探索在环境规制条件下,农业企业实施生态创新,同时促进环境/经济效益共同提高的理论模型和实践措施,从而为农业生态文明建设等实际工作提供理论参考。

第三章

农业企业生态创新的理论内涵分析

本章根据共生理论划分环境导向创新和经济导向创新之间的共生类型，分析两种创新之间互补关系和平衡关系的条件，探究共生界面和共生环境对两种创新关系的影响，推演环境导向创新和经济导向创新之间互补关系和平衡关系形成的原因。

第一节　环境导向创新和经济导向
创新共生关系的模式和特征

本书在分析农业本质特征时已经发现，农业生产是自然再生产和经济再生产彼此结合、相互交织的过程。与工业、服务业等其他产业相比，农业以具有生命性的动植物（包括微生物）为经营对象。这种自然再生产与经济再生产物质能量的交换过程，使得农业生产内部环境和经济的共生特点非常显著。农业生产既是创造经济效益的过程，也是自然生态系统循环发展的过程，两者关系密不可分。因此，农业企业生态创新之所以能够达到环境绩效和经济绩效的双元目标，就是因为农业生产过程中存在两类创新模式共生的状态。一类是环境导向创新，能够改善自然循环，降低环境风险、污染以及资源使用过程中其他负效应。另外一类创新是经济导向创新，能够创造有市场竞争力的新产品、工艺、系统、服务和流程的创新。这两类创新类型在农业生产过程中同时存在，相互之间存在物质能量的交换，属于共生关系。根据共生理论，这两种创新关系存在五种共生关系模式：竞争共生、偏害共生、寄生共生、偏利共生以及互惠共生。

一、两种创新共生的五种基本模式

共生模式指的是共生单元之间相互作用的结构关系。这种结构关系既反映了共生单元之间物质能量交流的方式以及方向，也反映了这种交流的强度。共生模式既要描述共生单元之间的共生方式（方向），也要描述共生强度（或者称为共生度）。根据共生理论，本书将经济导向创新和环境导向创新之间的共生模式划分为以下五种类型（见表3－1）。

表3－1　　　　　　　经济导向创新和环境导向创新之间的共生模式

共生类型	细分维度
竞争共生	1. 环境导向创新偏向竞争； 2. 经济导向创新偏向竞争； 3. 对称性竞争
偏害共生	1. 环境导向创新偏害共生； 2. 经济导向创新偏害共生
寄生共生	1. 环境导向创新寄生于经济导向创新； 2. 市场导向创新寄生于环境导向创新
偏利共生	1. 环境导向创新得益； 2. 经济导向创新得益
互惠共生	1. 环境导向创新偏向互惠； 2. 经济导向创新偏向互惠； 3. 对称性互惠

资料来源：笔者根据相关资料整理。

从以上五种类型的共生模式来看，这五种共生模式的共生单元、共生能量以及作用特征都存在一定的差异性（见表3－2）。

表3－2　　　经济导向创新和环境导向创新之间共生模式的典型案例

共生类型	典型案例	特征
竞争共生	中小造纸厂的污染治理	经济导向创新对环境导向创新产生负面影响，环境导向创新对经济导向创新产生负面影响

共生类型	典型案例	特征
偏害共生	农户小规模养殖生猪	经济导向创新对环境导向创新产生负面影响，环境导向创新对经济导向创新基本不产生影响
寄生共生	农户退耕还林以保护环境	经济导向创新对环境导向创新产生正面影响，环境导向创新对经济导向创新产生负面影响
偏利共生	农业生态旅游	环境导向创新对经济导向创新产生正面影响，经济导向创新对环境导向创新基本不产生影响
互惠共生	种植梭梭树寄生肉苁蓉/鸭稻米	经济导向创新对环境导向创新产生正面影响，环境导向创新对经济导向创新产生正面影响

资料来源：笔者整理。

（一）竞争共生的概念和特点

竞争共生指的是共生单元之间在资源/能量的分配方面形成竞争关系，共生过程中一般不产生新能量。竞争共生的结果是一方受损或者双方都受到损失。竞争共生是共生行为模式中一种较为常见的形态，具有以下基本特点。首先，竞争共生一般来源于共生单元之间对有限资源、能量的争夺。例如在企业组织内部资源有限的情况下，两条产品线之间就构成了竞争共生关系，当企业投入一条产品线的资源更多的时候，投入另外一条产品线的资源会相对减少，这就导致某方利益受损；或者由于资源争夺的关系，导致共生单元都无法达到最优，甚至造成内耗，造成双方都受到损失。以雨润食品当前的困境为例，由于在房地产、大米等副业方面投资过大，结果对传统的肉类加工的主业发展造成了严重制约。其次，共生单元在竞争共生过程中，可能产生更优秀的共生单元，自身获得更多的资源能量进行生产，从而促使共生体的总能量提高，而部分共生单位可能在竞争中遭到淘汰。在某些行业内部，环境导向创新和经济导向创新之间也是竞争共生关系，企业的资源和能量是有限的，分配给环境导向创新多一些，经济导向创新就少一些。竞争性共生的案例在高污染、高耗能、高投入的工业企业中较为常见，改革开放初期遍地开花的中小造纸厂就是其中典型的例子。企业越注重生产效率提高，越注重利润提高（经济导向创新），就越会影响企业治理环境污染的积极性（负面影响环境导向创新）。而技术落后和经济力量薄弱的中小造纸厂也无法从源头上解决环境污染问题，在政府监控下只能采用成本更高的末端处理技术，这种环境导向创新会增加企业大量成本，影响中小造纸厂扩产提效的动力（生产得越多，越需要更多的污染治理成本），并最终从经济上导致大量中小造纸企业难以达到环境标准而遭到淘汰。

（二）偏害共生的概念和特点

偏害共生指的是共生单元共生导致的损害只向某一共生单元转移，但另外一方不受损。偏害共生来自理论推导，是共生模式中不太常见的形态。偏害共生具有以下基本特点。首先，偏害共生不能产生新能量。其次，在偏害共生的关系中，共生单元之间虽然产生了对资源能量的争夺，但是其中处于优势的一方至少能够不受损失。从这个意义上来说，偏害共生其实是一种特殊的竞争性共生，只不过这种竞争性关系导致某一共生单元利益受损，但是对另外一方基本不产生损害。农户小规模养殖生猪就是一种典型的偏害共生系统。生猪养殖会产生较大的污染，对环境产生不良的影响，但是中小生猪养殖户基于成本的考虑，环境认知不足或者政府监控缺乏，他们在养殖过程中更倾向选择经济导向创新同时排斥环境导向创新。由于基本上不会采取相应的环保措施，因此环境导向创新对经济导向创新基本不产生影响。

（三）寄生共生的概念和特点

寄生共生指的是寄生方依托寄主方的能量/资源而存在。寄生共生是一种特殊的共生形态，具有以下基本特点。首先，寄生关系一般不产生新能量，但寄生关系可以改变共生单元之间的能量（物质）分配，使得某一方共生单元获得的能量（物质）增加或者减少。其次，寄生关系只存在单向的能量（物质）流动，表现为能量（物质）从宿主方向寄生方流动。其中寄生方是能量的净消耗者，而宿主方是能量的生产者。当宿主方能量的消耗速度小于寄生方能量的生产速度时，寄生关系可以长期存在，反之寄生关系将消亡。如果从动态的观点来看，寄生关系并不一定必然对寄生方表现为负面的作用，寄生关系有可能转化为互惠共生或者其他类型的共生关系。以当前很多地区实施的农户退耕还林为例，在政府的补贴政策下，农户停止耕种易造成水土流失的坡耕地（或荒地），改种经济林（或生态林）。在这个过程中，农民在耕地（荒地）上改种经济林产生经济效益的同时也促进了环境改善，经济导向创新对环境导向创新产生正面影响。但不可否认的是，退耕还林政策虽然能在一定程度上提高环境绩效，但会影响农民的生产积极性（不能种植更高效益或者短时间就能产生效益的作物），损害农民的经济收益，因此政府需要长期提供相应的补贴和补助，以保证政策的顺利实施。

（四）偏利共生的概念和特点

偏利共生指的是共生单元共生产生的新能量只向某一共生单元转移，但另外一方也不受损。偏利共生是寄生共生和互惠共生的中间类型，具有以下基本特点。首先，偏利共生能够产生新能量，但是这种能量只向某一共生单元转移，即这个共生单元获得全部新能量。其次，另外一方的共生单元也不受到损失，也就是说共生单元在进行信息、物质及能量交换的过程中，另外一方共生单元存在强烈的利他倾向，这种倾向不会影响自身存在和发展（袁纯清，1998）。以农业生态旅游项目为例，很多地区将农村自然环境、农业资源、田园景观、农业生产内容和乡土文化作为旅游景观，开展旅游活动。在这个过程中，农业生态文化的提炼和升华（环境导向创新）能够促进经济导向创新，提高项目的商品性、观赏娱乐性，获得更大的经济收益，但是需要指出的是，当前我国的大部分农业生态旅游缺乏对自然环境的进一步保护和提升功能（只重视商业价值开发，缺乏环境保护），因此经济导向创新对环境导向创新基本不产生影响。

（五）互惠共生（生态创新）的概念和特点

互惠共生指的是共生单元的共生能够产生新能量，共生单元双方都得益。互惠共生是自然界和人类社会中常见的共生状态，包括非对称互惠共生（某方收益更多）和对称性互惠共生（双方收益大致均等），其中非对称互惠共生的类型相对更多一些。互惠共生具有以下特点。首先，互惠共生往往以共生单元之间的分工合作为基础，通过双边或者多边的信息（资源/能量）交流，共生单元的共生关系发生新的变化，这种变化体现为共生范围的扩大以及共生效率的提高，使得共生能量增加且共生损耗减少，从而产生新的净能量。其次，互惠共生产生的新能量可能平均分配（对称性互惠共生），也可能非对称分配（非对称互惠共生）。这就导致共生单元之间的同步发展（对称性互惠共生），或者非同步发展（非对称互惠共生），结果使得不同共生单元进化发展的速度也发生相应的变化。如果这种变化（不均衡发展）持续较长时间，可能造成共生关系的不稳定，有些共生单元由于发展缓慢被迫离开共生体系。从共生能量的分配角度来看，对称性互惠共生是所有共生关系中较为稳定的状况，可以帮助所有共生单元都保持均衡发展，提高生存和繁殖能力。

从互惠共生的案例来看，内蒙古阿拉善地区的种植梭梭树寄生肉苁蓉案例是互惠共生典型的形式（详细内容参见第四章第四节）。在该案例中，种植梭梭树能够防风固沙，对环境绩效能够起到较大的作用。随着梭梭树种植面积的扩大（树龄的增长），能够促进农户将更多的肉苁蓉（名贵的中药材）寄生到梭梭树之上，并产生良好的经济效益，环境导向创新能够促进经济导向创新的提高。而经济效益的提升促使农户种植更多的梭梭树，使得经济导向创新能够促进环境导向创新的提高。

图3-1解释了这几种共生关系的内涵以及逻辑关系。环境导向创新和经济导向创新之间能量和物质的交换循环可能给双方带来正面的影响，也有可能导致负面的效果，只有环境导向创新和经济导向创新的互惠共生模式才能够促进环境导向创新和经济导向创新同时提高。从农业企业生态创新的概念来看（既能够降低对环境的影响、促进环境绩效提高，又能够产生竞争优势和商业价值的创新），只有互惠共生模式才属于生态创新。根据互惠共生的内部划分，生态创新内部两种创新的关系还能够细分为以下三种类型：经济导向创新偏向互惠（经济导向创新受益更多）、环境导向创新偏向互惠（环境导向创新受益更多）、对称性互惠（两种创新受益程度相近）。

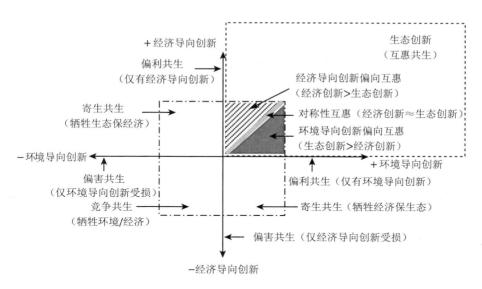

图 3-1　环境导向创新和经济导向创新的共生关系

二、两种创新的竞争和互补关系测量：共生度及共生系数分析

对于共生模式的研究仅仅停留在类型、方式上的描述是不够的，还必须定量分析各种共生模式物质能量交流的方向以及强度，即通过数理模型分析共生单元之间的"竞争/互补关系程度"。袁纯清（1998）将反映共生单元外部特征的因素定义为象参量，将反映共生单元内在性质的因素定义为质参量，本书以此为基础进行下一步分析。

象参量反映了共生单元外部的特征和表现形式，而质参量决定了共生单元的内在性质以及其变化趋势。由于共生单元性质的特殊性及多样性，其质参量可能并非唯一，而是一组存在相互联系的质参量，其中可能存在某种或者某些质参量起到主导或者决定性作用，这些质参量被称为主质参量。从农业企业生态创新内部两种双元创新要素的共生关系来看，环境导向创新和经济导向创新是两个共生单元，农业企业本身的资源、能力、战略等要素的特点（一组质参量）决定了这两种创新模式的内在性质和变化趋势。例如同样是养殖家禽的农业龙头企业和小型养殖场相比较，由于资源、能力以及战略方向的差异性，实施环境导向创新和经济导向创新的形式、内容存在区别。而在这些质参量之中，企业的竞争优势（核心竞争能力）是主质参量，其决定了农业企业环境导向创新和经济导向创新的内在性质以及变化趋势。不同农业企业的竞争优势（核心竞争能力）不同，实施生态/经济导向创新的资源和能力就存在差异，导致这两种创新之间的共生关系特点及形式也存在差异。

在共生单元之间共生关系的形成过程中，特定的共生模式并不是随意形成的，而是需要遵循某种规律性。这种规律性表现为共生单元之间必须存在相应的信息、物质以及能量等方面的交流和联系。从外部特征方面来看，这种联系表现为：共生单元在选择共生对象的时候，更倾向于选择有利于自身功能（能力）提高、匹配性能优秀（匹配成本低）的共生单元。从内部性质上来看，这种选择取决于共生单元之间的质参量之间的同质性、关联程度特别是互补程度，等等。从农业企业生态创新内部共生模式的选择来看，农业生产的本质特征就是自然再生产和社会再生产的共生过程。这不仅决定了农业的行业特征，而且也决定了有效的农业创新必须同时考虑（自然）环境导向创新和经济导向创新问题。农业企业内部的经济导向创新，例如有机标志的申请、有机产品的市场推广等措施需要考虑自然环境因素。农业企业内部的环境导向创新，例如种植/养殖工艺的改进、有机肥料的选择、低毒农药的选择等也需要考虑经济因素。这说明环境导向创新和经济导向创新之间的共生关系反映出了农业企业生态创新过程中的本质特点。

为了简化环境导向创新和经济导向创新共生关系的本质特点，本书将两种创新（共生单元）之间质参量的关联情况（物质能量相互作用的方向以及强度）命名为共生度。这是因为在共生关系中，质参量决定了两种创新的内在性质以及其变化趋势。而且由于两种创新之间的质参量较多，为了简化分析，突出研究本质，本书以主质参量为分析对象，探讨共生单元之间（环境导向创新和经济导向创新）主质参量的共生模式，分析主质参量物质能量相互作用的方向以及强度。

假设存在共生单元 A（环境导向创新）和 B（经济导向创新），它们分别有质参量 χ_i、χ_j，同时定义 A 和 B 的共生度 θ_{ij} 为：

$$\theta_{ij} = \frac{\mathrm{d}\chi_i/\chi_j}{\mathrm{d}\chi_j/\chi_i} = \frac{\chi_j}{\chi_i} \times \frac{\mathrm{d}\chi_i}{\mathrm{d}\chi_j} \qquad (\mathrm{d}\chi_j \neq 0) \qquad (3.1)$$

其中，θ_{ij}表示共生单元以质参量表示的共生度，则θ_{ij}的含义是共生单元 A 的质参量χ_i的变化率导致的共生单元 B 的质参量χ_j的变化率。共生度代表了共生单元物质能量相互作用的方向及程度。例如共生单元 A 的变化率可能影响共生单元 B 的变化，这种变化可能为正向的（正面影响），也可能为负向的（负面影响），θ_{ij}的数值越大，代表影响程度越大。如果χ_i、χ_j为共生单元 A 和 B 的主质参量，则$\theta_{ij} = \theta_{ij}^m$成为共生单元 A 和 B 的主共生度变量，它是最能够代表共生单元 A 和 B 特征的共生度，即：

$$\theta_{ij}^m = \frac{\chi_{mj}}{\chi_{mi}} \times \frac{\mathrm{d}\chi_{mi}}{\mathrm{d}\chi_{mj}} \qquad (\mathrm{d}\chi_{mj} \neq 0) \qquad (3.2)$$

进一步地，本书定义共生单元主质参量的共生系数δ^m为：

$$\delta_i^m = \frac{\theta_{ij}^m}{|\theta_{ij}^m| + |\theta_{ji}^m|} \qquad (3.3)$$

$$\delta_j^m = \frac{\theta_{ji}^m}{|\theta_{ij}^m| + |\theta_{ji}^m|} \qquad (3.4)$$

共生系数δ^m是测量共生单元 A 和 B 之间相对作用程度的指标。式（3.3）中，δ_i^m代表了共生单元 A 对共生单元 B 的相对作用程度；式（3.4）中，δ_j^m代表了共生单元 B 对共生单元 A 的相对影响程度。显然：

$$|\delta_i^m| + |\delta_j^m| = 1 \qquad (-1 \leq \delta_i^m \leq 1; \ -1 \leq \delta_j^m \leq 1) \qquad (3.5)$$

当$|\delta_i^m| = |\delta_j^m| = \frac{1}{2}$时，表明共生单元 A 对 B 的作用与共生单元 B 对 A 的作用程度相同。

根据共生单元 A（环境导向创新）和共生单元 B（经济导向创新）的共生系数δ_i^m和δ_j^m的数值范围，本书对相应的共生模式以及含义进行归类（见表 3 - 3）。

表 3 - 3　　　　　　　共生模式类型及对应的共生系数数值范围

δ_i^m 数值	δ_j^m 数值	共生模式	共生系数的含义
$\delta_i^m = -1$	$\delta_j^m = 0$	偏害共生	A 对 B 产生负面作用，B 对 A 不产生影响
$-1 < \delta_i^m \leq -\dfrac{1}{2}$	$-\dfrac{1}{2} \leq \delta_j^m < 0$	竞争共生	双方都产生负面作用，A 对 B 负面作用更大
	$0 < \delta_j^m \leq \dfrac{1}{2}$	寄生共生	A 寄生于 B，B 的损失大于 A 的收益

续表

δ_i^m 数值	δ_j^m 数值	共生模式	共生系数的含义
$-\frac{1}{2}<\delta_i^m<0$	$-1<\delta_j^m<-\frac{1}{2}$	竞争共生	双方都产生负面作用，B 对 A 负面作用更大
	$\frac{1}{2}<\delta_j^m<1$	寄生共生	A 寄生于 B，B 的损失小于 A 的收益
$\delta_i^m=0$	$\delta_j^m=-1$	偏害共生	B 对 A 产生负面作用，A 对 B 不产生影响
	$\delta_j^m=1$	偏利共生	B 对 A 产生正面作用，A 对 B 不产生影响
$0<\delta_i^m\leqslant\frac{1}{2}$	$-1<\delta_j^m\leqslant-\frac{1}{2}$	寄生共生	A 寄生于 B，B 的损失大于 A 的收益
	$\frac{1}{2}\leqslant\delta_j^m<1$	互惠共生	双方都产生正面作用，B 对 A 正面作用更大
$\frac{1}{2}<\delta_i^m<1$	$-\frac{1}{2}<\delta_j^m<0$	寄生共生	B 寄生于 A，A 的损失小于 B 的收益
	$0<\delta_j^m<\frac{1}{2}$	互惠共生	双方都产生正面作用，A 对 B 正面作用更大
$\delta_i^m=1$	$\delta_j^m=0$	偏利共生	A 对 B 产生正面作用，B 对 A 不产生影响

资料来源：笔者计算整理。

由表 3 - 3 可以发现，环境导向创新和经济导向创新之间的共生关系具有多种形式，只有当两种创新（共生单元）都能够对对方产生正面作用的时候，互惠共生才能够发生。

三、两种创新的平衡关系测量：平衡度及平衡系数分析

分析了共生单元的共生度及共生系数之后，还需要考虑一定环境（条件）下共生单元的数量（绝对数量以及相对数量）问题。一般来说，即使具备共生的所有条件，任何种类的共生单元的数量也不可能无限制增加，因为共生数量在提高共生能量的同时，也同时提高了共生损耗。以生产型企业的规模扩张为例，随着流水线数量以及生产班组（共生单元）的增加，生产企业能够获得更大的规模经济（新的共生能量），但同时也面临着管理难度增加、生产协调成本增加（共生损耗）等问题，当企业规模扩大到一定程度，生产及管理成本超过规模经济的收益时，企业的生产边界就出现了。而且，对于农业企业生态创新的两个共生变量（环境导向创新和经济导向创新）来说，除了要考虑共生单元的绝对数量以外，还需要考

虑共生单元的相对数量问题。这不仅是因为作为共生单元载体（共生界面）的农业企业存在资源和能力的限制，不可能无限制地支撑环境导向创新或者是经济导向创新，更是因为需要在这两种创新的投入上保持一定的平衡关系，保证农业企业在经济绩效以及环境绩效这两个方面都保持较高的收益。过多的经济导向创新虽然能够给农业企业带来较高的收益，但是如果不考虑环境导向创新，企业的长期发展受到影响；过多的环境导向创新又会给企业带来更高的成本，企业的短期生存会受到影响。基于此，两种创新保持一定的平衡比例关系最为恰当。

本书用共生能量以及共生损耗的函数模型描述共生单元（两种创新）的相关作用及由此产生的平衡水平和效果。共生能量（E）指的是某种共生环境中，共生单元在某种共生模式中产生的新能量，共生能量是共生过程中产生的新能量。在生物界中，共生新能量表现为共生单位的生存能力和繁殖能力的增强。在经济系统中，共生新能量表现为企业等经济组织的生存能力（竞争能力）以及增值能力（经济绩效）的提高。经济组织生存能力的提高表现为共生单位质量的提高，而增值能力表现为数量的扩张。共生能量反映了共生单元共生的本质。但是在共生能量产生的同时，也会有相应的共生损耗（C），代表共生过程带来的能量的损失或者获得新能量而导致的物质（资源）减少。共生能量和共生损耗的比例关系决定了共生单元的绝对数量以及共生单元之间的相对数量关系。本书将其命名为共生单元的平衡度，相应的定量化的指标体系命名为平衡系数。

本书将共生体的总能量定义为 E，对于二维共生系统，共生单元 A（环境导向创新）和共生单元 B（经济导向创新）存在共生关系。非共生条件下共生单元的能量分别为 E_a 和 E_b，在共生条件下新增加的能量为 E_{as}（共生单元 A 对共生单元 B 作用产生的新能量）和 E_{bs}（共生单元 B 对共生单元 A 作用产生的新能量）。同时，非共生条件下共生单元的损耗分别为 C_a 和 C_b，在共生条件下新增加的损耗为 C_{as}（共生单元 A 对共生单元 B 作用产生的新损耗）和 C_{bs}（共生单元 B 对共生单元 A 作用产生的新损耗）。

共生体的总能量函数和总损耗函数分别为：

$$E = E_a + E_b + E_{as} + E_{bs} \tag{3.6}$$

$$C = C_a + C_b + C_{as} + C_{bs} \tag{3.7}$$

共生体新增能量函数和新增损耗函数分别为：

$$E_s = E_{as} + E_{bs} \qquad (3.8)$$

$$C_s = C_{as} + C_{bs} \qquad (3.9)$$

一般情况下，当共生体的新增能量函数和新增损耗函数的边际效应值相等时，共生单位的绝对数量达到平衡（绝对平衡度），即再增加1单位的共生单元，获得的损耗大于新能量，即：

$$\partial E_s = \partial C_s = \partial (E_{as} + E_{bs}) = \partial (C_{as} + C_{bs}) \qquad (3.10)$$

但是，共生单元A和共生单元B的相对数量（相对平衡度）需要根据具体问题（例如共生界面的特点）进行更有针对性的分析。以农业企业生态创新为例，本书将环境导向创新定义为共生单元A，将经济导向创新定义为共生单元B。非共生条件下两个共生单元的能量分别为E_a和E_b，在共生条件下新增加的能量为E_{as}（环境导向创新对经济导向创新作用产生的新能量）和E_{bs}（经济导向创新对环境导向创新作用产生的新能量）。同时，非共生条件下共生单元的损耗分别为C_a和C_b，在共生条件下新增加的损耗为C_{as}（环境导向创新对经济导向创新作用产生的新损耗）和C_{bs}（经济导向创新对环境导向创新作用产生的新损耗）。

农业企业生态创新共生体的总能量函数和总损耗函数分别为：

$$E = E_a + E_b + E_{as} + E_{bs} \qquad (3.11)$$

$$C = C_a + C_b + C_{as} + C_{bs} \qquad (3.12)$$

从上面的结果可以发现，对于农业企业这样的经济主体来说，存在的主要目的是获取经济收益。因此，即使创新的生态收益再高，但如果难以产生相应的经济收益，企业也是难以维持的。由于农业生产过程中自然再生产和经济再生产的融合特点，环境导向创新产生的"能量"主要是环境收益，而非经济收益；环境导向创新对经济导向创新作用产生的"新能量"（例如绿色标签能够帮助企业更顺利地进行针对性营销，创造更大的经济收益）是经济收益；同时，经济导向创新对环境导向创新作用产生的"新能量"主要是环境收益，而非经济收益（例如农业生态旅游产生的收益促进农户更愿意改善生态环境）。基于以上原则，农业企业实施生态创新的平衡度（分配环境导向创新和经济导向创新之间的资源能力的相对数量）指标为：

$$E_b + E_{as} = C_a + C_b + C_{as} + C_{bs} \qquad (3.13)$$

$$\partial(E_{as}) = \partial(C_{as} + C_{bs}) \qquad (3.14)$$

式（3.13）代表农业企业实施生态创新过程中，获得的总能量（总收益）至少需要等于总损耗（总成本），否则从长期来看，企业无法维持经营。式（3.14）代表农业企业实施生态创新过程中，获得的边际能量（边际收益）至少等于边际损耗（边际成本），否则企业短期内会存在经济亏损的状况。

从农业企业生态创新的平衡度指标和一般组织的共生模式平衡度相比较，可以发现两点。第一，在企业实施生态创新过程中，经济导向创新需要创造更大的经济效益。和一般企业不同，实施生态创新的农业企业除了需要达到经济目标，实现经济收益以外，还需要达到生态（环境）目标，实现生态收益。但是达到生态目标、实现生态收益也是需要成本的。这就需要经济导向创新创造更大的收益，或者环境导向创新对经济导向创新的作用创造更大的收益。从某种程度上来说，这其实是对农业企业的经济导向创新提出了更高的要求，需要比不实施生态创新的企业创造更大的收益，才能够维持环境导向创新需要的成本。第二，实施生态创新的农业企业，更需要政府的政策或者财政支持。正如上文提到的，实施生态创新的企业经济成本更高，这就需要政府财政方面的支持以增加经济收益（例如政府通过补贴来增加企业收益），或者政府通过政策支持以减少成本（例如政府通过减税来减少企业成本）。

共生单元的相对平衡度以及相对平衡系数反映出共生单元之间的临界规模关系。临界规模关系也是形成共生的重要条件。所谓临界规模关系，指的是共生关系的形成有赖于共生单元之间物质能量交换产生的新能量。但是如果某种共生单元或者所有共生单元的规模过大或者过小，难以稳定形成一定数量的新能量，共生关系也难以发生实质性的效果。共生单元的规模数量属于象参量指标，本书将最小临界规模命名为 $S_{\min}$，最大临界规模为 $S_{\max}$。当共生单元的规模数量达到一定指标后，共生关系才能够稳定存在（量变引起质变）；当共生单元的规模超过一定数量后，共生关系难以稳定存在。以农业企业环境导向创新（共生单元 A）以及经济导向创新（共生单元 B）的共生关系为例，只有当经济导向创新规模（数量）达到

一定程度 ($S_{b\min}$),创造的经济效益能够支持自身以及环境导向创新的损耗之后,两者之间的共生关系才能够存在。同时,由于资源有限,企业分配到经济导向创新和环境导向创新上的资源也是有限制的(一定程度上存在一方多分配一些另一方就少分配一些的情况)。当环境导向创新规模(数量)达到一定程度 ($S_{a\max}$),经济导向创新创造的经济效益无法弥补其损耗的时候,共生关系也将难以稳定存在。因此,共生单元之间的临界规模关系更说明农业企业实施生态创新过程中经济导向创新和环境导向创新相对平衡度的重要性。同时,也说明为了维持环境导向创新发挥更大的作用(规模数量更大),迫切需要外部干预(政府补贴等措施)。

四、农业企业特征对两种创新共生关系的影响

共生界面是共生模式形成和发展的基础,共生界面的性质特点以及变化趋势影响着共生模式的类型以及变化趋势。共生界面通过作用于共生单元影响着共生模式的形成,袁纯清(1998)总结了共生界面的基本功能:信息传输功能、物质交流功能、能量传导功能、共生序的形成功能和分工与合作的中介功能。

首先,共生单元通过共生界面(农业企业)实现创新信息的交流和传递、物质的交流以及能量的传导,这种传导可能通过无介质(例如寄生)、无形介质(例如语言)以及有形介质(例如文字、货币)来实行。以农业企业生态创新中,环境导向创新和经济导向创新这两个共生单元的传导为例。农业企业是这两种共生单元的共生界面,农业企业内部的组织结构、管理体系、人员特征等要素(表现为组织能力)共同构成了共生的有形介质,使得共生单元能够在企业内部顺利地实现信息的交流和传递(例如消费者对某种绿色产品的消费偏好帮助企业获得环境导向创新方向的信息)、物质的交流(例如经济绩效获得的收益对环境投入的促进作用)以及能量的传导(例如环境导向创新获得的竞争优势对市场销售的正面影响)。其次,共生界面能够帮助共生单元之间良性共生关系的形成。正如本章第一节中指出的,组织内部具有多种共生模式,有可能相互促进,但是也有可能形成竞争型甚至破坏型的共生关系,通过共生界面内部的制度设计和流

程控制，可以清楚地规定共生关系的类型和能量流动方式，帮助两者之间良性关系的形成。例如农业企业在生态创新的实施过程中，通过战略目标设置和流程设计（情景双元性），可以使环境导向创新和经济导向创新存在共同的方向和目标，这种目标和方向表现在：通过经济导向创新创造货币收入，货币收入投入环境导向创新中，环境导向创新促进经济导向创新更多增长，创造更多货币收入。最后，共生界面还能够帮助共生单元实施分工与协作的中介功能。共生界面是共生单元进行分工与合作的载体。共生界面的特点决定了共生单元分工合作的类型和形式，共生单元之间的分工协作关系最终要通过共生界面才能够显现出来。例如农业企业的组织能力强（组织结构合理、管理体系完善、人员能力强），组织内部的信息、物质能量传输速度快，则有利于环境导向创新和经济导向创新之间的物质能量转换，有利于共生单元之间分工与协作关系的形成。

五、外部环境对两种创新共生关系的影响

共生单元之间的共生关系并不是在真空中发生的，而是在一定的共生环境中产生发展起来的。共生环境指的是共生单元以外的所有因素的总和。

对任何共生关系而言，环境对其产生影响主要有三种类型：正向环境的影响、中性环境的影响和负向环境的影响。正向环境对共生关系起到正面的激励和促进作用；中性环境对共生关系既无激励作用，也无消极作用；负向环境对共生关系起到负面的抑制和消极作用。共生环境对共生关系的影响是通过对共生单元在共生过程中物质、能量、信息的产生和交换的激励和抑制来实现的。例如政府严格的环境规制政策会使企业投入更多的资源进行环境导向创新，这些资源往往来自经济导向创新产生的收益。

图 3-2 描述了共生单元（U）、共生模式（M）、共生界面（C）以及共生环境（E）这四个共生基本要素之间的关系。任何共生关系都是在共生界面中，受到一定共生环境的影响，共生单元采取一定的共生模式，相互作用并产生共生能量的过程。共生关系是一组共生单元、共生模式和共生环境的组合。

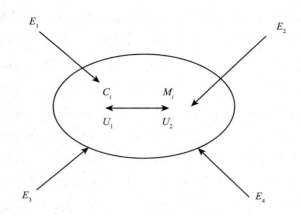

图 3 - 2　共生单元、共生模式、共生界面、共生环境

从外部环境对农业企业生态创新的影响来看，本书在第二章生态创新的文献综述中已经阐述了影响生态创新的环境（影响）因素，包括宏观环境（例如政府政策）、行业环境、农业区域环境、组织外部环境，等等。这些环境因素共同影响着环境导向创新和经济导向创新的关系结构和类型。这些环境既有正向环境、中性环境，还有负向环境。这些影响可能是单向的（类似寄生关系，例如政府对某些农业企业直接进行补贴），也有可能是双向的（类似互惠共生，例如外部优良的生态环境和生态创新能够承受双向互惠作用）。

第二节　双元视角农业企业生态创新的
内涵及结构维度

本章第一节通过对共生理论的分析运用，发现农业生产过程中的环境导向创新和经济导向创新存在共生关系。但是这种共生关系并不一定会像生态创新界定的那样"既能显著降低对环境的影响，又能为企业带来商业价值"，它们之间还有可能形成竞争共生、寄生共生、偏利共生或者偏害共生关系。只有"共生能够产生新能量，共生单元双方都得益"的互惠共生，才符合生态创新的要求。为了更为清楚地探讨互惠共生内部共生单元关系的内涵特点，本节参考双元理论对"探索性创新"和"开发性创新"

兼容互补关系的研究，建立类似的逻辑框架探讨环境导向创新和经济导向创新可能的冲突及对策、两种创新平衡互补关系的内涵以及促进两种创新平衡和互补形成的方式。

一、环境导向创新和经济导向创新可能的冲突及对策

从环境导向创新和经济导向创新的概念来看，环境导向创新是降低环境风险和环境污染以及资源使用过程中其他负效应的创新。经济导向创新是能够创造有市场竞争力的新的产品、工艺、系统、服务和流程的创新。虽然这两种创新概念的视角存在差异性，但其内涵反映了组织内部的创新和学习活动过程，都指的是学习、改进以及获取新的知识（技术）。两种创新学习、改进以及获取新的知识技术的路径存在差异。环境导向创新的前进轨迹沿着生态优化、污染降低的方向进行，而经济导向创新的前进轨迹沿着市场竞争能力提高、成本降低等商业价值的方向进行。也就是说，两种创新的目标存在差异，环境导向创新追求的是生态环境绩效目标，经济导向创新追求的是经济绩效目标。

如果两种创新活动的前进轨迹和目标存在差异性，那么组织同时进行这两种创新活动是否存在矛盾呢？早期对探索和开发创新双元关系的研究，主要基于"权衡取舍"（trade-off）的观点，如杜坎（Ducan，1976）认为组织内部难以兼顾两种差异性的创新活动。参考马驰（March，1991）对两种创新活动对立冲突原因的探讨，本节将生态创新内部环境导向创新和经济导向创新可能的冲突原因进行阐述。第一，由于组织内部资源是稀缺的，所以两种创新活动会对稀缺的资源进行争夺。第二，在其他因素相同的情况下，创新活动会进行反复的自我强化（self-reinforcing）。也就是说环境导向创新会延伸出更多的环境创新，而经济导向创新也会导致更多的经济创新，这种状况加剧了对资源的争夺。第三，两类创新模式在组织管理、思维模式、运作方法方面是有差别的，组织内部同时进行这两类创新活动会遭遇矛盾和冲突。

虽然有关双元性的早期研究基于"权衡取舍观"的文献强调探索性和开发性创新的矛盾性，但是后续研究大部分都强调这两种创新的兼容性和

互补性。大部分文献更倾向认为这两种差异性的创新关系应该是多样化的（类似于具有多种共生关系类型）。如果符合一定的条件和分析层次，探索性创新和开发性创新能够实现兼容和互补。第一，组织内部两种差异性创新对稀缺资源争夺所产生的矛盾并不是难以调和的。首先，对于组织而言，资源的稀缺性取决于资源分配的层次，个人或者部门（项目）内部，更可能面临资源的稀缺性，但是在多个部门、规模较大的企业内部，组织的资源完全可以满足环境导向创新和经济导向创新的任务。其次，由于农业生产经济和环境共生的特点，环境导向创新和经济导向创新对农业企业内部的很多资源，更多地体现为协同利用的关系，而不是进行争夺。例如企业的有机认证商标，经济导向创新和环境导向创新都可以利用；再如企业内部信息获取和知识学习的过程，对于两种创新都同样重要。最后，企业能够获取的外部资源也降低了对内部资源的依赖。特别对于农业企业而言，生态环境（例如绿水青山等）具有外部溢出的特点，并不需要企业付出额外的成本，企业可以通过这些外部溢出的资源同时实现经济目标和环境目标。因此，两种创新的资源约束并不是一个绝对概念，而是一个相对的衡量指标，因为在实践中很多组织完全具备同时进行环境导向创新和经济导向创新的能力条件和资源基础。两种对于资源争夺的矛盾并不是绝对的，在满足特定条件的前提下，组织完全具备同时完成两种创新活动的资源。第二，马驰（March，1991）虽然指出了不同创新活动的自我强化问题，但是创新的自我强化并不意味着相互排斥，也有可能产生兼容互补的效果。第三，环境导向创新和经济导向创新虽然在组织惯例、思维方式方面存在差异，但是这些差异导致的冲突一般发生在部门、项目层次上，在多部门以及资源相对充足的组织层面上，可以通过两种创新的平衡互补、创新的空间分离等方式实现兼容。此时的双元性组织被视为可以"兼顾"两种创新活动的机制。组织通过环境导向创新和经济导向创新之间的平衡和互补关系，实现两种创新在组织内部的兼容。

二、环境导向创新和经济导向创新互补及平衡关系的内涵

从对组织双元性（广义双元性，即组织同时实现差异性甚至竞争性行

动的能力）的文献来看，大部分研究都认为组织双元性指的是组织内部两种差异性的创新活动。组织双元性具备以下特征：两种创新活动之间的互补关系以及两种创新活动之间的平衡关系。

（一） 环境导向创新和经济导向创新的互补关系

农业企业生态创新内部的环境导向创新和经济导向创新之间的互补或者说是相互促进（combination dimension），本质上反映出这两种创新活动虽然有一定程度的矛盾，但不存在根本性的对立。农业生产的根本性特点就是自然再生产和经济再生产的结合，农业生产过程既是自然生态链系统物质能量循环往复的过程，也是经济生产价值链物质能量循环往复的过程。没有经济生产价值链的创新和发展，农业生产过程中的自然再生产过程无法发展壮大。同样的，如果没有自然生态链的创新和发展，经济再生产就没有了物质基础和生产来源。农业企业的经营就是协调自然再生产和经济再生产的过程，这两类再生产会进行各种创新和学习活动，农业企业通过资源和能量的分配协调两种创新活动，减少两种创新的矛盾，实现相互促进。

经济导向创新能够促进环境导向创新。首先，经济导向创新产生的经济收益能够支持企业进行环境导向创新，包括生产环境（如农田）的优化、周边环境（如水源）的优化、生产技术条件的升级（如无害化生产）等。其次，经济导向创新能够促进产品收益率（生产效率）的提高，生产的经济性帮助农业企业不断扩大种植/养殖面积，这就为环境导向创新提供了物质基础。最后，通过经济导向创新对企业现有的资源、知识以及管理模式的反复使用，这样全面了解和深刻认识的结果可以帮助组织开展新的环境导向创新。也就是说经济导向创新能够提高组织的经营能力，开展环境导向创新的效率和效果也更高。

同样的，环境导向创新对经济导向创新也有相应的促进作用。首先，环境导向创新为组织的产品销售提供了有机理念，为经济导向创新创造了新的市场方向和利润点。其次，环境导向创新也能够节约成本并为组织创造利润，在某些情况下，环境导向创新和经济导向创新是统一的。例如鸭稻共作模式，鸭群的生物功能（捉虫、吃杂草、排鸭粪等）部分代替了农药、化肥、除草剂的使用，这既是环境导向创新（减少了农药化肥施用），也属于经济导向创新（节约了生产成本）。最后，随着中国消费结构的升级和生态理念逐步深入人心，环境导向创新产生的产品和服务能够获得更高的溢价和利润，帮助农业企业投入更多的资源进行经济导向创新（例如扩大生产）。从环境导向创新和经济导向创新的关系来看，这两类创新类似于探索式创新和开发式创新的关系，环境导向创新活动也是组织认识和探索新的（环保）技术、新（环保）工艺、新（环保）产品的过程，通过环境创新产生的技术、工艺、产品能够通过经济导向创新成功商业化，促进组织环境绩效和经济绩效目标的共同提高。当前组织双元性领域内绝大多数的研究都已经认同了探索和开发活动的相互促进是组织双元性的关键性内容，而且其操作变量（探索和开发的平衡和交互作用）已经通过了大样本测量。

（二）环境导向创新和经济导向创新的平衡关系

环境导向创新和经济导向创新的平衡关系（balance dimension）从另外一个角度分析了两种创新之间的双元关系。参考曹等（Cao et al., 2009）对探索和开发平衡关系的叙述，笔者发现环境导向创新和经济导向创新的平衡关系也存在类似的情况。第一，当组织的经济导向创新明显超过环境导向创新的时候，组织虽然可以在短期内获得收益，但是这种收益往往建立在对环境的"消费"之上，可能造成对环境的破坏，最终影响组织的经济绩效。例如过量使用农药化肥虽然能够提高产量，但是造成水土环境恶化、土壤结块及害虫抗药性的提升，不得不更多地使用农药化肥，最终导致农业生产环境遭到根本性的破坏，经济导向创新无法实施。第二，当组织的环境导向创新明显超过经济导向创新的时候，由于环境导向创新投入过大而经济导向创新收益较少，造成入不敷出，在没有外部收入（如政府补贴）补充的情况下，组织对环境创新的长期投入是难以维持的，结果造成环境导向创新的短暂性和不可持续性。因此，对于农业企业而言，环境导向创新和经济导向创新需要在都能够保持较高水平的前提下，保持一定的相对平衡，才能够保证两种创新之间的互补关系的形成。从这个意义上来说，环境导向创新和经济导向创新的平衡关系是互补关系的前提，如果环境导向创新和经济导向创新不能保持适当的比例关系，导致环境导向创新或者经济导向创新比例较低，那么两种创新之间的互补关系可能难以形成。

上节的共生理论也认为共生单元会存在临界规模问题。在生态创新内部，如果某种创新（一般是环境导向创新）达不到共生关系的要求，达不到临界规模，就难以稳定形成物质能量的交换关系，共生系统也难以形成。从实践中来看，很多农业企业之所以难以形成生态创新也是因为其中的环境创新比例关系过低，一切以经济利益为核心，两种创新之间的互惠共生无法发生实质性的效果，也就无法实现环境绩效和经济绩效的双赢目标。

三、促进平衡及互补关系形成的方式："结构双元性"和"情景双元性"

（一）组织实施两种创新的传统方式

从现有的研究来看，组织实施两种差异性创新的传统方法主要包括"时间分离"和"间断平衡"两种类型。"时间分离"（temporal separation）指的是组织根据创新过程所处的阶段来调整创新重点。组织在一段时间内集中力量进行某一类型的创新，在另外一段时间集中力量进行另外一种类型的创新。例如农业企业在周边生态环境恶劣的阶段进行环境导向创新，等到周边环境改善之后再进行农业生产，实施经济导向创新，这种方式就是"时间分离"。农业企业以时间先后实施环境导向创新和经济导向创新，这两种创新活动不产生交叉。这种观点的前提假设是组织能够变革，能够在环境导向创新和经济导向创新之间进行变换。从实践中来看，时间分离方式在农业生产中也存在，但是频繁的实施时间分离策略显然会给组织带来大量的不确定和风险。

与"时间分离"不同，"间断平衡"（punctuated equilibrium）则指组织长时间实施某种创新（如经济导向创新）和短时间实施某种创新（如环境导向创新）之间的交替循环状态，这种转换达到了某种平衡。间断平衡的逻辑在于对两种创新成本收益的考虑。经济导向创新能够产生收益，但是仅考虑经济导向创新，忽视环境导向创新，显然对农业企业的长期发展不利；环境导向创新有利于农业企业的长期收益，但组织长期进行环境导向创新花费的时间和成本也难以估量。因此企业需要在长时间的经济导向创新和短时间的环境导向创新之间达到一种平衡。虽然和时间分离存在相似的地方，但是间断平衡模式最大的特点是"平衡"，环境导向创新的成本由经济导向创新的收益弥补，环境导向创新为经济导向创新的长期发展服务。间断平衡可以理解为一种特殊的时间分离模式，同样面临频繁变革带来的风险性问题，而且经济导向创新和环境导向创新的时间比例关系也难以把握。因此，时间分离和间断平衡的模式在稳定的、缓慢变化的行业内，以及缺乏资源去寻求同时进行两种创新的小企业更合适。

（二）促进两种创新平衡及互补形成的结构双元性

相对于"时间分离"和"间断平衡"模式，组织双元性虽然也承认两种创新模式需要的组织惯例、活动方式存在差异性，但认为这种差异性并不代表着两种创新之间的矛盾是不可调和的。组织可以通过"空间分离"和"情景双元性"实现两种创新之间的共生共荣。当前对组织双元性的大部分研究都认同奥赖利和塔什曼（O'Reilly & Tushman，2013）提出的"空间分离"结构模式（结构双元性），即在不同的空间（例如大型企业内部不同的部门）建立彼此相异的结构性机制，以应对两种差异性的创新活动提出的竞争性要求。具体来说，结构双元性指的是组织内部通过设置不同的结构部门，某些部门负责某类创新活动，另外一些部门负责另外一类创新活动。这是因为两种创新在创新流程、组织管理和发展方向等多个方面存在差异性。在一个部门内部同时进行可能存在矛盾，所以需要建立不同的单位（部门）分别处理这两个问题。以农业企业为例，农业企业内部的市场营销部门重点负责经济导向创新的工作（产品的商业化创新），而生产部门重点负责环境导向创新的工作（产品的生态及环境友好性创新）。组织双元性通过部门内部的结构划分，能够确保组织内部的相关单位（部门），都能够根据自身任务环境的具体要求，针对不同的创新进行资源和能力的配备。

与"时间分离"以及"间断平衡"存在差异的是，结构双元性进行的组织双元性并非是通过剧烈的变革，将整个企业组织从适合环境导向创新的架构转变为适合经济导向创新的架构（或者反过来调整），而是将企业对环境导向创新和经济导向创新共生进行的调整，"内化"到了组织内部，从而达到两种创新兼顾的目标。空间分离方式和组织的"微协同进化"（micro coevolution）密切相关。"微协同进化"指的是公司内部的资源、能力和竞争力随着环境变化的"协同进化"。这一概念建立在以下假设之上：组织将"变异—选择—保留"这些变革过程内部化，通过调整、分拆或者设立新的业务部门，同时进行两种差异性的创新活动。

（三）促进两种创新平衡及互补形成的情景双元性

吉普森等（Gibson et al., 2004）提出了"情景双元性"（contextual organizational ambidexterity）的界定，将其定义为在组织内部的部门层次（business-unit level）上，同时获取"一致性"（alignment）和"调整"（adaptability）的能力，他们认为这种双元性来源于组织情景（context）之中。情景双元性不需要通过空间、结构或者任务上的分离来实现组织双元性，而是在业务部门内部构建组织情景，鼓励成员将时间精力合理地分配到"一致性"（协调一个业务单位中的活动模式，使得组织成员能够向着同一目标而努力）和"调整"（为了满足迅速变化的环境要求，在一个业务单位中迅速重新配置行动的能力）这两个相互矛盾的需求上。换句话说，情景双元性能够被看作是一种类似于组织核心价值理念的"元级"（meta-level）能力，它能够将单位内部所有的功能和层级联系起来。

组织双元性的两种方式——结构双元性和情景双元性的本质区别就是面对两种差异性的创新活动，组织内部应该采取一体化还是差异化的方式。支持结构双元性方式的学者们认为，由于组织管理、任务目标的差异性，组织内部的不同部门（单位）需要培养特定的流程、模式来处理不同的创新类型。例如农业企业内部负责环境导向创新的部门应该更关注环境目标，主要由技术专业人士组成；负责经济导向创新的部门应该更关注经济目标，主要由经济专业人士组成。这种部门内部的差异性能够帮助双元组织保持不同能力，能够满足来自不同领域和渠道的机遇和挑战。而情景双元性则选择一体化的方式，设计一种内部机制，保证组织能够同时处理环境导向创新和经济导向创新，这种机制帮助组织平衡并兼顾两种不同的创新模式，实现双元目标。例如实施情景双元性的农业企业要求营销部门在考核经济目标的同时也需要考核环境指标；生产部门在考核环境目标的同时也需要考核经济目标。从分析层次上来看，结构双元性更多指的是公司层次上的双元性实现方式，而情景双元性更多指的是部门（项目）层次上的组织双元性实现方式。而从情景双元性面临的困难来看，很多研究者认为虽然针对的是一般员工和基层管理者的双元能力，但是组织双元策略的决策者却是高层管理人员，因此情景双元性更多的是双元策略已经确定的情境下如何具体实施的问题。

虽然以上对两种创新平衡及互补关系形成的几种模式会有一定的差异性，但是现有的研究也发现这几种方式可以同时兼容。成（Cheng，2014）认为双元理论本质上反映出组织内部的两种不同类型的创新能够通过某些方式不进行竞争，甚至实现相互补充。詹森（Jansen，2013）通过纵向案例分析表明，随着时间的推移，最成功的组织会采用多种方式实施组织双元性，首先会实施情景分离模式，然后会进行结构双元性模式，最后选择情景双元性模式。组织愿意使用所有的方式去实现两种创新模式的互补效应，因此企业组织都愿意尝试情景分离、空间双元性和情景双元性等多种方式，而并非仅仅依靠一种单独的模式。之所以会出现这样的情况，是因为组织面临着不同类型的竞争性市场（多元化企业），需要不同的双元创新模式以应对不同的竞争环境。不同的双元创新模式面对不同的外部环境的时候，效果会存在差异性。例如当组织面临的外部环境从稳定的状态转变为剧烈变动状态的阶段，结构双元性更为适合；当组织面临的环境变化不激烈（或者较小变化）的阶段，情景双元性更为适合。

为了更深入地理解农业企业生态创新的内部结构，特别是环境导向创新和经济导向创新之间的共生关系类型，以及政府规制的影响效应，下一章将选择内蒙古阿拉善沙漠地区的案例，从不同视角分析农业企业生态创新的内涵、特点和影响因素。

第四章

农业企业生态创新的案例分析

本章运用共生理论及双元性理论，分析沙漠地区农业环境导向创新和经济导向创新的四种共生关系的内容及特征，并以内蒙古阿拉善沙漠的肉苁蓉种植为例，构建农业企业生态创新内部的结构关系，探讨生态创新内部环境导向创新和经济导向创新的平衡互补状态，以及这种状态对环境/经济绩效的促进作用。

第一节　沙漠地区农业发展面临的
环境压力和经济挑战

沙漠化指的是由于自然环境或人类活动而造成的干旱、半干旱和半湿润土地的退化过程（王涛，2008）。根据国家林业局 2015 年的统计，中国荒漠化的土地面积达到 262.37 万平方公里，占据国土总面积的 27.33%；沙化土地面积 173.11 万平方公里，占据国土总面积的 18.03%。荒漠化和沙化的涉及地区达到 10 个省份 900 多个县，涉及人口约 4 亿人。中国北方受土地荒漠化影响已经形成一条连绵数千公里的风沙带，成为我国沙尘暴的主要发源地和路径区，每年因沙尘暴造成的直接经济损失达到 500 多亿元，间接经济损失超过 1700 多亿元（黄俊毅，2015）。中国沙漠化侵蚀最为严重的地区主要分布在西北边疆的农牧业交错地带。这些地区的农业以天然降水的旱作农业及天然草场的畜牧业为主，通过扩大垦殖荒地、增加放牧种群数量来产生经济效益。"广种薄收、以丰补歉"的传统农业模式简化了农业生产系统、缩短了食物链体系,虽然有利于养活更多人口,但从根本上破坏了西北边疆地区原本已经非常脆弱的自然生态系统的结构与功能,导致沙漠化的发生和恶化。

为了遏制沙漠化,维护生态环境,国家已经投入了大量资源进行防沙治沙,采用了物理治沙、化学固沙以及生态方面的退耕还植、造林种草等诸多技术和手段,虽然从整体上遏制了土地荒漠化和沙漠化继续扩大的趋势,但存在被动投入、投入规模大、可持续能力差的问题。单纯的退耕还林、种草固沙、造林防沙方式,由于治沙政策难以产生经济效益或者经济效益较差,需要国家不断投入资金。一旦国家投入减少或者停止投入,治沙工程也就动力不足。这说明在沙漠化防治的过程中,不仅需要考虑其环境绩效,还需要关注它对经济绩效的影响问题,从而动员广大农户及农业企业、农村专业合作社等农村经济组织都参与到沙漠治理之中。但是,当前农村经济主体的行为已经非常理性,中小农户参与农业生态经营的核心目的是获取最大化经济利益(胡帮勇,2012)。而对处于市场竞争中的农业企业来说,虽然也会关注环境污染和治理问题,但首要注重的也是经济效益问题(李强、冯波,2015)。作为经济欠发达的西北沙漠地区,如果不考虑经济绩效问题,仅仅依靠财政补贴,不动员广大农户和农业企业参与,可持续性的沙漠化治理可能难以为继。生态文明建设也需要在追求市场利润和环境保护之间寻找平衡点,才能达到生态环境的最优状态。

在当前西北地区沙漠化问题日益严重,传统的粗放型农牧业生产难以为继,生态移民以及产业转移已经逐步开展的背景下,本章以阿拉善地区沙漠化的形成、发展以及沙漠化治理为例,通过时间顺序的纵向对比描述四种共生类型的内容和特征,以描述我国农业生态化的发展方向和趋势。同时,剖析经济导向创新及环境导向创新共生过程中,生态创新的作用机制及对环境/经济绩效的影响过程。通过分析本章案例不仅能够更深入地了解农业企业生态创新的理论内涵以及作用机理,创新沙漠化治理、沙漠产业提高环境效益的模式,而且也从实践上证明了农业生态文明建设的经济可行性。

第二节　阿拉善沙漠地区环境导向创新和
经济导向创新的四种共生模式

　　本章的分析沿着内蒙古阿拉善沙漠地区环境导向创新和经济导向创新失衡状态下的共生关系及其影响展开。阿拉善盟位于我国内蒙古自治区最西端，面积 27 万平方公里，全盟人口约 23 万人，森林覆盖率约为 3.27%。阿拉善地区属于内陆高原气候，远离海洋，周围群山环抱，形成典型的大陆性气候。干旱少雨，风大沙多，冬寒夏热，四季气候特征明显，昼夜温差大。区域内部的地貌类型包括起伏滩地、湖盆、山地、低山丘陵、沙漠戈壁等。阿拉善地区的土地不适于农业耕种，全盟仅有适宜耕种土地 300 万亩。区域内部的阿拉善沙漠占地约 8 万平方公里，包括乌兰布和、巴丹吉林与腾格里 3 个小沙漠，是中国最大的沙尘暴源头地，也是防沙治沙的核心区域。

　　根据共生理论的类型划分，阿拉善地区的农业生产中环境导向创新和经济导向创新形成了四种共生关系，包括：竞争共生、寄生共生、偏利共生以及互惠共生（见表 4－1）。

表 4－1　　　阿拉善地区农业生产环境导向创新和经济导向创新的共生关系

共生模式	释义	本章案例
竞争共生	环境导向创新、经济导向创新相互破坏	20 世纪 50~70 年代阿拉善地区的农牧业生产
寄生共生	牺牲环境导向创新保证经济导向创新，或者牺牲经济导向创新保证环境导向创新	农户利用梭梭树放牧生产
偏利共生	只有环境导向创新得到发展，或者只有经济导向创新得到发展	政府的退耕还植、围栏封育
互惠共生（生态创新）	环境/经济导向创新维持较高水平（平衡），环境/经济导向创新相互促进（互补）	内蒙古王爷地苁蓉生物有限公司的肉苁蓉种植模式

　　资料来源：笔者根据相关文献资料整理。

第三节　环境和经济导向创新失衡状态下
阿拉善地区的沙漠化问题

在环境导向创新和经济导向创新失衡状态下，形成了竞争共生、偏利共生以及寄生共生这三种共生关系，造成了当地生态环境恶化以及经济效益的大量损失。

一、环境／经济导向创新的竞争共生关系案例：20世纪50～70年代阿拉善地区的农牧业生产

阿拉善地区位于我国半干旱的农牧交错地带，年降水量稀少，昼夜温差大，地表沙质疏松，春季少雨且秋冬季节多风，属于草地生态环境。20世纪50年代之前阿拉善地区的沙漠化问题并不严重，地表的浅层土壤和植被成为脆弱生态环境下良好的保护层。但从50年代末期到70年代的农牧业大生产，在"大跃进""向草原进军""以粮为纲"等思想指导下，大量优良的牧场转变为国营农场，由于砂土性质的牧用土壤有机质含量低，即使在耕作的初期，产量也不高。耕作几年后，随着耕作层的沙漠化，粮食产量急剧降低，甚至连种子成本也无法回收，最后被迫撂荒，最终造成自然生态系统的结构功能发生根本性的破坏。

从环境导向创新和经济导向创新的共生关系来看，阿拉善地区在20世纪中期开始的农牧业大生产属于竞争共生状态（两种创新造成的相互破坏）。为了满足自身衣、食、住、行等急剧增长的物质生活需要，对土地资源进行垦荒、放牧等生产活动，这本是无可厚非的，但是阿拉善等西北边疆地区的特殊性在于，土地的承载能力和生态系统的自然修复能力极为薄弱。在脆弱的生态环境下，某些错误的经济导向创新（如滥垦、滥牧、滥樵等），造成地表植被和土壤的破坏，又无法通过生态系统的自我组织和反馈机制使系统得到恢复，导致生态系统内自然环境要素的退化，诱发并加剧了土地荒漠化及沙漠化。在农牧业大生产造成经济导向创新破坏环

境导向创新之后，环境的恶化也破坏了经济绩效。沙漠化造成的水土流失、风沙灾害，生态环境恶化，不仅造成林草资源面积锐减，也导致农牧业生产的经济效益逐年下降，大量已经开垦出来的农田被迫抛荒。面对严峻的生态危机，从 20 世纪 80 年代开始，政府开始有意图地改变当地的农牧业生产方式，植树造林以改善逐步恶化的生态环境。从 20 世纪 90 年代开始，阿拉善地区也开始实施大规模的退耕还林、退牧还草以及生态移民政策（张丽君、吴俊瑶，2012）。

二、环境/经济导向创新的偏利共生关系案例：政府的退耕还植、围栏封育

自 20 世纪 50 年代开始的农牧业大生产造成阿拉善地区林草资源面积锐减，草场退化、荒漠化、沙漠化的问题日趋严重，经济活动的强度已经远远超出了生态环境的承载能力，使得整体生态环境持续恶化。为了遏制阿拉善地区的沙漠化趋势，自 20 世纪 80 年代开始，当地政府运用多种措施进行退耕还林（植）、围栏封育、草原生态补助、飞播造林等多种活动保护生态环境。以飞播造林为例，通过政府连续 24 年在腾格里沙漠东南缘、乌兰布和沙漠西南缘的飞播造林，已经累计造林 340 万亩，初步形成了长 250 公里、宽 3 ~ 10 公里的锁沙、阻沙带（袁健新，2015）。政府的环境导向创新措施在自然环境保护方面取得了较大成效，但这些政策也严重依赖政府的大量持续性投资。

从环境导向创新和经济导向创新的共生关系来看，政府的飞播造林、退耕还植、围栏封育等政策措施属于两种创新关系的偏利共生状态（环境导向创新受益，经济导向创新不受益）。这就造成了当前沙漠化防治的过程中，存在逻辑上的困境和实际操作方面的困难。在当前的沙漠化治理逻辑之下，既然沙漠化是由于经济活动的强度超出了土地的承载能力而产生的，那么沙漠化治理应该提高土地承载能力（如退耕还植、飞播造林），或者降低经济活动强度（如生态移民）。在土地承载能力提高（环境导向创新）的同时必须降低经济活动强度（经济导向创新），才能够真正实现沙漠化治理的目标。但是如果放牧总量不降低，实行围栏封育以及轮牧，

必然导致未围起来的地方沙漠化问题更为严重。而且为了缓解生态压力，政府不得不进行财政补贴以弥补农户/牧民的经济损失。在阿拉善等人口压力已经较为明显的地区，大量持续性的生态移民所产生的经济活动可能又会增加移民地区的生态压力。当前对于沙漠化的治理措施，主要侧重于恢复被破坏的植被、控制土壤风蚀程度等环境导向创新问题。虽然可以在一定程度上恢复生态环境，但如果不考虑经济导向创新问题，人口压力以及经济增长需求得不到满足，不仅可能导致当地群众对治沙工作和经济利益追求之间的矛盾心态，甚至会出现为了经济利益而损害环境导向创新的情况。

三、环境/经济导向创新的寄生共生关系案例：农户利用梭梭树放牧生产

由于自然环境的破坏、人口压力以及经济发展需求等客观原因，部分阿拉善地区野生以及人工种植、用于防风固沙的胡杨和梭梭树等植物成为农牧民放牧以及生产生活的原料。作为一种兼顾生态作用以及经济价值的树种，梭梭树等柽柳属植物可以在沙漠以及荒漠地区，特别是昼夜温差大、干旱以及半干旱的沙地等自然条件严酷的沙漠上生长繁殖，迅速蔓延成灌木丛。一颗成熟的梭梭树可以固沙 10 平方米。野生原始梭梭林是西北沙漠地区重要的生态屏障。由于具备耐旱、耐寒、抗盐碱、防风固沙、遏制土地沙化等特点，梭梭树被誉为"荒漠地区的生态保护神"。梭梭树枝叶可以作为牛羊的食物，树干也是优良的优质薪炭材料，成为农户放牧以及生产生活的必要原料，导致乱砍滥伐，大量野生的作为沙漠地区生态屏障的梭梭林已经逐步丧失殆尽。人工种植的梭梭树林，也经常会受到放牧牛羊的侵袭以及农牧民的乱砍滥伐。正如赴阿拉善地区进行公益活动的组织人所言："我们还尝试种过 7 种植物，还用铁丝网围起来，但牧民会剪开铁丝网，将羊群放进去白吃。我们把羊轰出去，把铁丝网拦上，还要派人看着！""一些牧民对环境并不心疼，因为他们的想法非常简单，只是希望羊肥一点，收入多一点（周辰，2015）。"

这是典型的经济导向创新对环境导向创新的寄生模式。在该模式中，

寄生方（经济导向创新：例如放牧、生产等）通过获得寄主方（环境导向创新：种植梭梭树）所产生的物质/能量而得益，而寄主方由此受损。政府及相关组织选择种植和维护梭梭树作为治理沙漠、保护环境的重要手段（环境导向创新），但是农牧民的放牧及生产行为（经济导向创新）所产生的收益却是建立在对梭梭树的寄生利用之上的。寄生模式只存在单向的能量（物质）流动，表现为经济导向创新获得环境导向创新产生的物质/能量而受益，但是环境导向创新却不能获取经济导向创新产生的物质/能量。这种寄生模式虽然短时间内使得农牧民的收入提高、生活改善，但会造成植被破坏及生态环境失衡，这种掠夺式开发最终导致荒漠化和沙漠化，农牧民的生产生活受到毁灭性打击。

第四节　生态创新模式下环境和经济导向创新的互惠共生：沙漠产业模式

本节通过分析内蒙古王爷地苁蓉生物有限公司的肉苁蓉种植模式，探讨生态创新模式下环境/经济导向创新的互惠共生案例——沙漠产业模式。

一、阿拉善地区肉苁蓉种植的传统方式

作为实施退牧还草的重点区域，阿拉善地区的农牧民面临着经济和环境的双重压力，在这种情况下，种植肉苁蓉等经济效益和环境效益俱佳的沙漠产业逐步成为当地农牧民转产之后从事的重要产业。肉苁蓉（又名苁蓉、大芸、地精）寄生于藜科植物梭梭和白梭梭的根部。由于经济价值颇高（属于名贵的中药材，被誉为"沙漠人参"），野生肉苁蓉每公斤干品最高达到几千元甚至上万元的收购价格，造成当地农牧民对野生肉苁蓉采取掠夺式的采挖，不仅使得野生肉苁蓉资源濒临枯竭，还导致其宿主梭梭树的天然林区大面积减退，因此，国家将肉苁蓉列为二级保护植物，纳入《国家重点保护野生植物名录》之中，并鼓励肉苁蓉

的人工种植。

肉苁蓉的寄生种植需要选择生长旺盛的两年以上梭梭树（白梭梭树）为宿主，采取根部接种的方式，地下生长 2~3 年后就可以收获。梭梭树作为耐干旱、耐寒、耐盐碱植物，每年只需要灌溉 4~5 次，基本不需要施肥，成活率高，日常维护成本低，而且梭梭树成活 15 年之后，基本不用浇水、施肥和除草。肉苁蓉（管花肉苁蓉）接种后，在地下生长，病虫害很少，生长稳定，开花结果后基部又能萌发出新的植株，不需要很多的田间管理。而且从回报价值来看，每亩梭梭树可采摘肉苁蓉 100 公斤以上，市场价值几千元（苏彦萍、朱世福，2012）。由于肉苁蓉的种植特点以及收益前景，阿拉善当地已经有很多农户种植梭梭树以及其寄生作物肉苁蓉，一些乡镇还成立了肉苁蓉种植合作社，通过合作社进行产品的简单加工（晒干）和销售。

农户在寄生作物肉苁蓉的种植之前，必然会主动种植其宿主梭梭树等防风固沙类植物，客观上起到了环境保护和生态优化的作用。但是农户的大规模种植（环境导向创新）受到了经济导向创新的制约。如果经济导向创新没有"突破"，环境导向创新也无法得到良好的实施。首先，梭梭树和肉苁蓉的种植周期较长，前期投入的时间成本和经济费用都较大，前期大量的经济投入使得中小农户难以扩大种植规模。其次，肉苁蓉的种植地区处于荒漠或沙漠地区，需要经历开沟、拌种、撒种、接种、埋沙等多个步骤，在种植过程中，沙层流泻，导致人工种植费工费时，劳动强度很大，工作效率很低，如果不改进作业方式，大规模种植难以实现。最后，农户对于肉苁蓉产品一般是采取晒干直接卖原料的初级销售模式，附加价值低。肉苁蓉目前的高价格是建立在以往野生挖掘供应量不足基础上的，人工种植必然导致供应量大幅上升，原料销售价格未来必然下降，农户的种植积极性降低，甚至出现放弃种植，重新出现以林养牧，能够产生环境绩效的梭梭树林大量死亡，重归沙漠化的状况。

这说明环境导向创新和经济导向创新并不是不相关的，在沙漠产业的发展过程中，两种创新同样重要，只有两种创新产生平衡以及互补的关系（见图 4-1），才能够最终达到环境绩效和经济绩效的双赢目标。

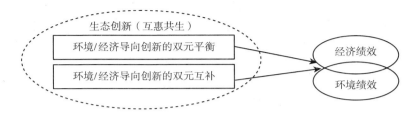

图 4 - 1　农业企业生态创新促进环境/经济绩效的理论模型

二、内蒙古王爷地苁蓉生物有限公司的肉苁蓉种植模式

内蒙古王爷地苁蓉生物有限公司 2003 年进入沙漠产业，在乌兰布和沙漠建成 5 万亩肉苁蓉有机原料基地，形成以肉苁蓉种植为主体，甘草、锁阳、黄芪、苦豆籽、沙漠羊、沙漠鸡等为辅助的沙生动植物种养链。该公司是林业产业化重点龙头企业，也是国家林下经济示范基地、中国治理荒漠化基金会示范基地、国家发改委高技术产业化示范基地，2013 年度被评为"低碳中国贡献企业"。

（一）肉苁蓉种植模式中环境导向创新和经济导向创新的双元平衡

在肉苁蓉种植模式中，环境导向创新和经济导向创新的双元平衡指的是两者都需要保持较高水平。内蒙古王爷地苁蓉生物有限公司的肉苁蓉种植模式也证实了这种状况。作为国内较早（1996 年）从事肉苁蓉种植及相关产品开发的企业，公司在成立初期也面临人工种植费工费时、原料价格不理想、市场狭小等问题，制约了种植规模，但该公司通过不断实施经济导向创新以及环境导向创新逐步实现了环境导向创新和经济导向创新的良性关系。

从经济导向创新来看：第一，提高种植效率的创新。公司研发肉苁蓉种子营养土直播机、肉苁蓉种子营养块穴播机（国家专利），实现了机械化种植。专业机械可以将肉苁蓉的种子/肥料和沙子混在一起，直接埋进梭梭树的根部附近，比人工种植提高了上百倍的效率。第二，提高亩产量的创新。公司和国内重点大学以及中科院联合研发肉苁蓉种植栽培技术，包括肉苁蓉人工接种高产技术、肉苁蓉种子营养块技术等，亩产量从原来的平均亩产 100 多公斤达到 300 多公斤。第三，提高产品附加值的创新。公司进行了生产工艺创新，研发了肉苁蓉鲜切片制作工艺和鲜品肉苁蓉榨汁提取等生产技术，并建设深加工厂区、生物技术研发基地等，提高肉苁蓉产品的附加值，推出"王爷地""北国荣""漠元"等品牌的有机系列、原生态系列沙漠养生健康系列产品。第四，扩大产品需求的市场创新。为了扩大肉苁蓉的需求量，该公司还进行了产品类型的创新，除了传统的肉苁蓉中药切片以外，还逐步开发了药品（饮片）、保健品（冲剂）、食品（沙漠苁蓉羊、沙漠苁蓉鸡等）、生态旅游（观光农业、体验农业）等系列产品，创造了"种植资源＋生物科技＋电子商务＋健康产业市场＋资本＋沙文化＋荒漠化治理"的沙产业新商业模式，从多个层次和角度共同提高肉苁蓉相关产品销量。

从环境导向创新来看：第一，不断扩大梭梭树的种植面积。在已经种植的 5 万亩梭梭树基础上，公司正在建设的乌兰布和沙漠 30 万亩人工接种肉苁蓉荒漠化治理示范基地将起到更大的环境绩效作用。第二，实施有机种植，保护环境。公司开发肉苁蓉有机种植栽培技术，进行肉苁蓉的生态化和有机化种植管理（中绿华夏有机食品认证）。公司建立了中国首家认证 5 万亩有机肉苁蓉人工种植基地——乌兰布和沙漠（中国肉苁蓉种植最适宜区）磴口县王爷地肉苁蓉种植基地。第三，实施"公司＋农户"的种植模式，培训农牧民 3000 多人次，当地发展了 50 万亩肉苁蓉（梭梭树）原料基地，进一步扩大了种植面积。公司的沙产业模式有效激发了当地农牧民治理沙漠、种植肉苁蓉的积极性。第四，公司帮助荒漠化生态脆弱区的农牧民进行生态移民，缓解生态脆弱地区的生态压力，同时解决肉苁蓉产业开发中出现的人力资源不足的问题（见图 4 - 2）。

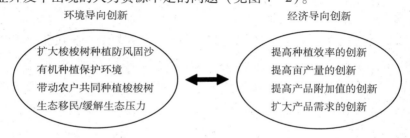

环境导向创新　　　　　　　　　　　　经济导向创新

扩大梭梭树种植防风固沙
有机种植保护环境
带动农户共同种植梭梭树
生态移民/缓解生态压力

提高种植效率的创新
提高亩产量的创新
提高产品附加值的创新
扩大产品需求的创新

图 4 - 2　环境和经济导向创新之间的双元平衡

（二） 肉苁蓉种植模式中环境导向创新和经济导向创新的双元互补

王爷地公司的肉苁蓉种植模式中，环境导向创新和经济导向创新之间还产生了互补关系。环境导向创新和经济导向创新之间能够通过相互之间的资源/能量交流，产生互补、叠加的效果，从而使得经济导向创新、环境导向创新的效益增加或者效率提高，产生新的净能量。

从经济导向创新对环境导向创新的促进作用来看：第一，肉苁蓉播种及栽培技术的创新提高了肉苁蓉产量，也促使企业不断扩大梭梭树的种植面积，增加荒漠以及沙漠地区的植被覆盖率，减少沙尘天气，改善当地气候环境，促进了环境导向创新。第二，创新的肉苁蓉深加工技术促进了肉苁蓉收益率的提高，更高的产品溢价促使企业不断扩大梭梭树的种植面积，促进了环境导向创新。第三，产品多元化创新促进肉苁蓉总体需求的提高，也促使企业扩大梭梭树的种植面积，促进了环境导向创新。第四，从有机肉苁蓉产品中获得的更高收益促使企业进行生态化种植，促进了环境导向创新。第五，从经济导向创新中获得的高收益，促使企业投入更多资金/资源到环境导向的创新中，例如公司先后建立了国家发展和改革委员会高技术产业化示范基地、中国农业大学中药材研究中心试验基地、北京大学中医药现代研究中心肉苁蓉研究基地、自治区沙草产业协会试验示范基地、内蒙古中蒙药材种植科技示范基地等多个基地，进行生态种植创新的相关研究。

从环境导向创新对经济导向创新的促进作用来看：第一，不断扩大梭梭树的种植面积，不仅有利于缓解沙漠化和改善环境，而且也为肉苁蓉的种植提供了种植基地，为企业进一步开展经济导向创新提供了生产基础。第二，开展的有机化种植既保护了环境，也为企业的产品销售提供了有机理念，并且为消费者所接受，从而创造更多的产品溢价。第三，实施"公司+农户"的种植模式，不仅帮助当地农民创业，促使农民共同保护和促进生态环境改善，也扩大了公司的原料供应。第四，和当地政府共同实施的生态移民策略，在缓解生态压力的同时，也为企业提供了人力资源。第五，使用掺杂肉苁蓉药渣的草料喂养沙漠羊、沙漠鸡，不仅为养殖业提供了生态饲料，而且提高了产品质量以及销售溢价（见表4-2）。

表 4－2   环境和经济导向创新之间双元互补的内容

经济导向创新对环境导向创新的促进作用	环境导向创新对经济导向创新的促进作用
播种/栽培技术创新提高了肉苁蓉产量，也促使企业扩大梭梭树的种植面积	不断扩大的梭梭树种植面积有利环境，也为企业提供了种植（生产）基础
深加工技术创新促进肉苁蓉单位收益的提高，也促使企业扩大梭梭树的种植面积	有机化种植保护了环境，也为产品销售提供了有机理念
产品多元化创新促进肉苁蓉总体需求的提高，也促使企业扩大梭梭树的种植面积	实施"公司＋农户"的种植模式在协助农户共同保护环境的同时，也扩大了原料产量
有机产品的高收益促进企业进行肉苁蓉的有机化种植	生态移民策略在缓解生态压力的同时，也为企业提供了人力资源
经济导向创新获得的高收益，促进了企业投入更多资金/资源到环境导向的创新中	有机养殖为养殖业（羊、鸡）提供生态饲料供应，提高产品质量及溢价

资料来源：笔者整理。

第五节　小结

我国西北地区的沙漠化形成及发展具有深刻的经济、生态和历史等多重原因，是经济发展滞后、技术能力薄弱及土地承载能力低下的综合产物。以广种薄收和只种不养为特征的传统农业（传统粮食种植和畜牧业），必然需要通过扩大耕种（放牧）面积，广种薄收，以量补质，这种单一强调经济导向创新、忽视环境导向创新的结果，使得西北地区本已脆弱的生态系统进一步失衡。在当前西北地区沙漠化规模相当大、危害非常显著的情况下，治理沙漠化需要突破单一的技术层面的限制，从经济导向创新（例如沙漠产业）和环境导向创新相互促进、"共生—共赢"的生态创新角度出发，在治理沙漠的过程中，也同时实现沙产业发展壮大、农牧民收入提高以及农村现代化，使沙漠化土地的承载能力发生跃迁，才能从根本上消除沙漠化产生的根源，使沙漠生态环境得以实现逆转。

党的十八大从新的历史起点出发，作出了"大力推进生态文明建设"的战略决策，对于经济欠发达地区而言，生态文明建设不可回避的就是它和经济绩效之间的关系问题。以西北地区的沙漠化治理为例，为了保证广大农业企业以及农户持续并主动进行治沙工作，不能仅仅依靠他们的"主动自觉"或者是政府的强制性措施，也应该采用"经济利益诱导"的方式，换种理念认识沙漠，依靠经营沙漠，开发沙漠资源，实现环境绩效和经济绩效的双赢，将农业生产的"环境改善"和"经济收益"等多重目标结合起来，使农业环境导向创新也转变为经济主体内在的需求甚至是"主动要求"，才能真正持续性的治理沙漠，实现现代农业的健康发展。

从理论价值来看，本章案例拓展了生态创新的研究框架，并研究了其实施路径及作用机理。当前大量对于生态创新的研究都是从传统的创新理论或组织学习角度来探讨其作用机制，因此难以区分生态创新和一般创新的差异性，更难以说明这种创新模式对环境及经济绩效的特殊作用。本章案例采用双元性理论，从双元平衡以及双元互补这两个维度构建了生态创新的结构维度，并以肉苁蓉种植为例，探讨了经济导向创新和环境导向创新的相互强化以及对环境及经济绩效的促进作用，对于更深入地了解生态创新的理论内涵以及作用机理，具有较大的理论和实践价值。

但需要指出的是，本章案例的研究仍然是对生态创新作用机理和实施路径的探索性工作。因此在后续的研究中，需要在探索性案例分析的基础上，建立并验证更完备的反映生态创新双元关系的理论框架，提高研究结论的针对性和解释力度。

第**五**章

环境规制通过促进农业企业生态创新
提升环境及经济绩效的模型分析

本章从经典的双元性理论出发，对典型农业企业进行问卷调查，构建生态创新的双元平衡以及双元互补模型，提出假设，并检验"政府环境规制—农业企业生态创新—环境和经济绩效"的理论模型。

第一节　基于波特假说的理论模型构建

一、环境规制通过生态创新促进经济及环境绩效的波特假说

（一）生态创新是一类重要的生态技术创新模式

生态创新的概念源自西方发达国家，作为创新理论新的组成部分，生态创新也是一类重要的生态技术创新模式。生态创新已成为全球可持续创新的重要内容，很多发达国家都不约而同地选择了实施生态创新以保证和提升自身在国际技术竞争中的能力和地位。

从欧盟 2008 年倡议的"生态创新行动计划"的主要内容来看，包括了可循环原料技术、可持续的建筑产品技术、环境友好的食品和饮料技术、水的处理与分布技术以及绿色商业技术。从生态创新的类型划分来看，也有相当部分针对工业企业的生态创新研究重点探讨环保技术创新、末端污染治理等技术创新的内容。

因此，生态创新属于技术创新的范畴，这类技术创新具有环境和经济

的双重属性，是一类特殊的生态技术创新。经济合作与发展组织（OECD，2009）总结了生态创新的特征，并认为生态创新和普通的技术创新存在两个方面的差异。第一，生态创新不仅关注市场导向的技术创新，还反映出创新对减少环境影响的充分关注。这是一般性的技术创新不会考虑的问题。第二，生态创新并不局限于对产品（服务）、工艺流程、营销方法、组织方式的创新，还包括了对社会结构和制度安排的创新。这是因为生态创新相比于市场导向的一般性创新以及单纯针对环境的绿色创新（或环境创新），更强调可持续的发展理念。可持续的发展不仅包含资源（降低资源消耗）和环境（降低环境破坏）的可持续，还包括了创新的商业（提升经济绩效）可持续。生态创新的某些内容是单个企业不愿意考虑或者难以考虑的，这就需要政府从制度上进行约束、规范和激励。因此，政府的环境法律法规、环境补贴、创新资助等环境规制对于企业实施生态创新变得非常重要。

（二）环境规制通过生态创新促进经济及环境绩效的波特假说

长期以来，中国过度突出经济而舍弃环境的发展模式已经导致了严峻的环境污染问题。为了扭转这一趋势，中央及各地方政府不断加强环境规制及环境治理的投入和治理力度。但是对于中国这类区域发展差异性巨大的发展中国家，相当部分地区的发展仍然需要以经济增长和人民生活水平的提高为主。这就需要政府在治理环境的同时正确处理好环境保护和经济发展的关系，考虑环境规制的成本和创造的经济效益，例如严格的环境规制是否有利于区域创新能力的提升，是否有利于企业（生产单位）竞争能力和经济绩效的提升。

环境规制指的是为了保护环境而制定并实施的各类政策、制度以及措施的总和。从政府实施环境规制的角度来看，环境规制主要包括命令控制型环境规制和激励型环境规制两种类型。传统的从静态角度分析政府环境规制绩效的研究认为，环境规制会使企业额外投资并维持污染防治设备，给企业带来额外的成本，削弱企业的竞争优势，环境绩效和经济绩效之间存在"非此即彼"（trade-off）的单一选择。政府的环境规制会迫使企业考虑其他因素（环境因素、政府压力等），不采用最经济的方式进行经营管理。并且企业需要根据政府的要求进行环境方面的投资（例如增加污染净化设备或者减少污染排放），或者降低产量以减少污染排放。这些情况都提高了企业的成本，或者降低了企业的竞争优势。

但波特（Porter，1991）却根据动态视角提出了"波特假说"，并提出了"双赢"的观点。波特假说认为，恰当设计的环境规制将诱导企业进行技术创新，通过成本优势或差异化抵销甚至超越环境规制可能带来的成本，并提升竞争力，达到环境和经济的"双赢"目标。从波特总结的原因来看，主要有以下五个方面。第一，在环境规制之下，企业不仅可以认识到以往对资源利用的低效率，而且也通过环境规制明确了未来技术创新的方向，这会提高企业投资的效率（目标明确）。第二，环境规制提高了企业环境创新的意愿。政府的环境规制不仅作为企业的外部环境，而且也代表着社会经济发展的方向，这会帮助企业意识到环境创新是企业未来成功的重要手段。第三，环境规制剔除了一些不合理的投资方向，使得企业的目标更为集中，从而降低了企业的投资风险。第四，环境规制产生的外部压力促使企业进行创新和发展。对于企业而言，环境规制既是压力也是动力，能够促使企业进行创新以应对外部约束条件。第五，环境规制会改变竞争环境，形成环境创新的氛围，使行业内部的企业都采用新的创新方式开展竞争，从而提升整个行业的竞争能力。

从本质上来说，波特假说具有动态的双元视角。波特假说不仅认为环境规制对环境绩效能够产生促进作用，而且认为在动态的环境中，良好的环境规制设计同样成为企业技术创新的催化剂。环境规制产生的学习效应以及技术补偿效应在改善环境质量的同时，也能提高生产效率，抵销环境成本，提高企业竞争能力和盈利能力，最终提升整个行业/区域的竞争能力和效率。由波特假说为起点，大量文献围绕着环境规制的经济绩效问题进行了探讨，很多研究得出了环境规制和企业绩效不矛盾的结论（胡元林、孙华荣，2016）。

具体来看，根据环境规制绩效涵盖内容的差异性，研究者们从逻辑上将波特假说划分为两个环节（见图5-1）：环境规制促进技术创新的假说（弱波特假说）以及环境规制促进技术创新并进而提升企业竞争力的假说（强波特假说）。弱波特假说认为，环境规制会使得企业的预期发生改变，影响其战略，并导致其（环境）创新能力提升。大部分研究已经从理论推导和实证检验方面证明了弱波特假说存在的合理性。但是，对于"强波特假说"的研究结论却存在较大的分歧。一些研究认为，如果真的能够实现环境绩效和经济绩效的双赢目标，即使没有环境规制，企业也会积极追求这种状态。因此，学者们对环境规制是否能够真正推动企业进行创新，进而提高企业经济绩效存在争议（董颖、石磊，2013）。而实证检验结果也存在较大的分歧，不同的研究对特定分析工具、代理变量、区域（行业）数据选择存在差异性，并导致了截然相反的结论。现有的研究认为环境规制对经济绩效产生了正面、负面、倒"U"型关系等多种影响（张成等，2011；蒋伏心等，2013）。

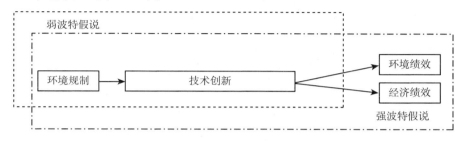

图 5 - 1　弱波特假说模型和强波特假说模型

　　之所以存在这样的状况，主要有两个方面的原因。第一，缺乏针对性的理论框架体系描述环境规制对企业技术创新以及竞争力提升的内部逻辑关系。环境规制通过技术创新影响企业经济及环境绩效的作用机理尚未清晰，通过理论分析和案例研究提出的"波特假说"并未明确指出环境规制能够促使企业进行哪种类型的创新，以及这些创新如何促进企业竞争能力以及环境绩效的提升。环境规制影响企业绩效的影响路径还处于理论"黑箱"阶段。由于缺乏理论引导，导致相当部分对于波特假说验证的研究似乎变成了"数学游戏"，对代理变量选择、计量工具的差异化运用甚至导致了相互矛盾的研究结论。第二，由于缺乏特定的理论支持，研究者们使用的测量指标也存在差异性。测量指标的不一致，不仅造成了研究结论的偏差，而且使得研究结论之间难以进行横向的比较。例如当前对于环境规制的测量并没有确定的测量指标，既有采用污染物排放量作为测量指标，也有采用治理费用（例如环境污染治理总投资）作为测量指标，还有采用环境规制政策数量作为测量指标。不采用直接测量政府环境规制的强度而使用代理变量进行测量必然导致测量存在一定程度的偏差。例如使用污染物排放量作为环境规制的测量指标,污染物之间的比例难以确定;使用治理费用(环境污染治理总投资)作为测量指标,会导致实际成本地区企业真实成本支出;采用区域型的环境规制政策数量作为测量指标,对于国家性的环境规制政策如何划分也是一个难题。

因此,虽然弱波特假说(环境规制能够促进技术创新)已经得到大量研究的确认,但是强波特假说(环境规制促进技术创新,进而提高企业环境/经济绩效)却没有得到统一的答案。只考量环境规制和环境/经济绩效的直接影响,而不勾勒出一幅完整的图画,分析影响的路径,就难以详细地理解环境规制影响创新进而提升企业竞争能力的过程。

二、生态创新在波特模型里的中介作用分析

作为一类既能显著降低对环境的影响又能为企业带来商业价值的创新,生态创新具有明显的环境/经济双元特征。生态创新的目的有两个:一方面,创造有价格竞争力的新产品、新工艺、新系统、新服务或者新流程,产生超额利润,这属于经济导向创新;另一方面,也需要在经济导向创新提升人们生活质量的同时,保证这些创新能够消耗最少的自然资源并释放更少的有害物质,这属于环境导向创新。因此,双元视角的生态创新能够同时促进经济绩效以及环境绩效的提升。

生态创新体现在这两种创新之间的互补关系以及平衡关系方面。也就是说,实施生态创新的组织需要达到两种状态。首先,组织内部的环境导向创新和经济导向创新都需要保持较高的水平(双元平衡)。只有两种创新都保持较高水平,两类创新之间的互补协作才可能产生。如果环境导向创新过高而经济导向创新过低,组织创新获得的利润不能弥补其投入,那么这种创新是难以持续的(经济上难以支持)。但经济导向创新过高而环境导向创新过低,组织虽然能够获得更高的利润,却造成了较大的环境污染,在当前政府环境规制越来越严格的情况下,这种创新模式也容易受到政府的干预(如行政处罚)。因此,在政府环境规制背景下,双元视角的

生态创新首先能够保持两种创新之间的平衡。

其次，组织内部的环境导向创新和经济导向创新能够产生互补以及相互协作的关系（双元互补）。在上一章的案例分析中，本书已经阐述了这类互补协作关系的特点和类型。例如在梭梭树寄生肉苁蓉的案例分析中，环境导向创新和经济导向创新之间形成了互惠共生状态。沙漠治理（环境导向创新）需要投入大量的人力、物力，如果难以产生经济效益，就只能依靠政府或者公益组织的投入。但如果能够产生较高的经济效益，农业企业和农户不仅会进行资源投入，还愿意进行经济导向创新，提升种植的规模、效率和效益，创造更多利润，这在客观上也促进了梭梭树的种植规模和生长环境，提升了环境导向创新。而且，从双元互补的形成机制来看，政府环境规制在其中起到了重要作用。单纯采取工商企业或者农户承包的模式并不会直接导致生态创新的产生。因为市场经济个体更关注经济利益（愿意进行经济导向创新），较少关注具有公共产品特征的环境导向创新，但市场经济主体的参与能够提升农业企业的活力。因此，需要政府环境规制加以引导和限制，提升市场经济主体进行环境导向创新的意愿。环境规制主要是通过正面引导的方式，一方面通过政府补贴提升合作农场进行环境导向创新的经济利益，另一方面通过村集体的统一规划及利益分配，兼顾环境导向创新和经济导向创新。在政府环境规制的影响下，生态创新能够实现两种创新之间的互补协作。

从组织双元性影响因素的研究进展来看，当前理论界认为影响组织双元性的因素主要划分为个人因素、组织结构因素和组织情景因素。个人因素集中在领导特征对组织双元性的影响，组织结构因素探讨组织结构特征（例如有机式组织或机械组织）对组织双元性的影响，而组织情景因素探讨组织建立共同的价值理念或者组织情景帮助权衡及协调两种创新之间的矛盾，使得组织能够同时进行两种差异化的创新。

政府环境规制能够通过创造环境管理氛围、环境价值理念，帮助农业企业权衡环境导向创新和经济导向创新的矛盾，使得企业能够同时进行环境导向创新和经济导向创新。经济导向创新是农业企业生存和发展的根本，但是农业生产自然再生产和经济再生产交织互补的特征，使得农业企业在关注经济绩效目标的同时，也要关注环境绩效目标。这是由农业企业的产业特征决定的，外部环境能够直接作用于农业企业的绩效。但是需要指出的是，从逻辑上来看，农业企业关注环境绩效并不一定会使企业进行环境导向创新，根据马驰（March，1991）对两种创新矛盾的分析，两种创新之所以难以"兼容"主要源于对资源的争夺以及实施过程中的矛盾。农业企业虽然关注环境绩效，但是企业并不一定会对环境创新进行大量的投资，这不仅是由于对环境创新的投资可能会和经济导向创新争夺资源，更重要的是环境导向创新具有一定的公共产品特征，外部溢出效应明显，很可能造成投资难以产生财务收益的情况。为了提升农业企业对环境导向创新投资的积极性，政府的环境规制就起到了重要作用。从本章研究的逻辑起点来看，环境导向创新和经济导向创新会产生一些矛盾和对立，这些矛盾对立来源于对资源的争夺，以及这两种活动在组织运作方式、思维模式方面的差异性。但这些矛盾和对立并不是不可调和的，而是体现为一种相对性。由于农业企业自然再生产和经济再生产的统一性，这两种创新具有一定的统一性。而且更为关键的是，政府的环境规制能够提升两种创新的统一性，减少矛盾和对立。

本章将基于问卷调查进一步解释和阐述概念模型，根据具体研究方式提出相应的假设，并进行数据分析和检验。

第二节　环境规制对农业企业环境及经济绩效的影响机制：生态创新的中介作用

一、研究假设

（一）农业企业生态创新对环境及经济绩效的作用

从以往文献来看，生态创新对生态绩效的作用已经得到广泛验证（姜秀兰等，2015）。作为一类和生态环境共生共荣的生产系统，农业生产特点决定了农业企业生态创新能够同时实现生态及经济绩效的双元目标。

　　首先，农业生产具有生态和经济的共生性特点。卢东宁（2009）认为农业是唯一一个在利用自然、产生经济效益的同时又能够对自然生态系统实施优化和改良的产业部门。不同于其他产业，自然界的环境和生态系统就是农业生产的基础，农业生产既是创造经济效益的过程，也是自然生态系统循环发展的过程，两者的关系密不可分。其次，现代农业的生态属性逐步被认知并得到开发。姜春云（2011）认为现代农业企业再也不是简单提供生产及生活资料的产业部门，还具备了环境保护、资源节约、生态延续、食品安全、休闲娱乐等多种生态功能。最后，同时融合生态导向及经济导向的创新模式是现代农业的发展方向。因此，农业企业的生态创新具有"双重外部性"，使其能够结合技术推动效益和市场拉动效应，不仅能够改造生态环境，而且能够帮助实施生态创新的企业和其他竞争者相比具有更低的成本或者获得更大的收益。这不仅是因为消费者需求和政府压力，更重要的是，帕维特（Pavitt，2000）认为生态创新也同时强调推动创新的源泉是"市场拉动"带来的。如果只依靠社会和政府的压力、公众的期望，或者企业的"自觉"，生态创新的实施是难以持久的，更需要从经济效益的角度，让组织认识到生态创新能够达到企业和社会的双重效益，才能真正激发农业企业生态创新的积极性。基于此，本书提出如下假设：

　　H1a：生态创新对农业企业经济绩效具有显著的正向影响。

　　H1b：生态创新对农业企业环境绩效具有显著的正向影响。

（二）环境规制对农业企业生态创新及绩效的作用

　　生态及环境经济学领域的早期研究大都强调政府强制性措施（环境政策、技术标准、行为准则）以及激励型环境规制（庇古税、补偿体系）对限制企业污染行为的有效性问题，认为政府环境规制将提高成本并进而降低企业经营绩效。但波特假说提出了对环境规制的积极看法，认为环境规制如果是恰当并严厉的，会鼓励企业进行生态创新（弱波特假说），进而促进企业提高资源利润率，降低企业成本或提高销量并最终建立竞争优势（强波特假说）。

　　当前很多研究已经关注到环境规制对生态创新以及企业绩效的重要

作用，如布伦纳迈尔（Brunnermeier，2003）就有这样的论述。在农业领域中，制度已经不被看作是不合时宜、提高成本的因素，而被认为是激励企业生态创新的因素，而且形成了在市场环境下环境创新的"第一推动因素"。而且，补贴政策作为市场性工具往往比强制性政策更能激发企业实施生态创新，究其原因，德米雷尔和克斯窦（Demirel & Kesidou，2011）认为后者直接规定企业环保绩效或环保技术水平，而前者却能对企业环保行为产生长效的激励。实证研究也显示，外部环境规制越严格，越能够促进生态创新的发展。同时，学者们也认为在环境绩效和经济效益高度相关的农业领域中，环境规制也能够促进企业绩效提升。陈红喜等（2013）的研究发现，环境规制政策对企业的低碳生产意愿有显著的正向引导作用。通过补贴性政策和强制性政策，企业会动用各种资源来降低对环境的影响，以获得更多补贴和减少更多的污染税收或惩罚，这有利于环境绩效的提高；同时在农业领域，农业企业自然再生产和经济再生产是具有统一性，因此政府的环境规制能在提升自然环境绩效的同时，减少与经济再生产的矛盾对立，增加环境的附加值，从而让农产品有更多的溢价，提高企业的竞争优势，取得更多的经济绩效。基于此，本书提出如下假设：

H2：政府环境规制对农业企业生态创新具有显著的正向影响。

H3a：政府环境规制对农业企业环境绩效具有显著的正向影响。

H3b：政府环境规制对农业企业经济绩效具有显著的正向影响。

（三）生态创新在环境规制和农业企业环境/经济绩效之间的中介作用

政府环境规制对生态绩效的效果已经得到了很多验证，但环境规制对经济绩效（强波特假说）的作用机制尚存在一定的争议。虽然有很多研究证明了政府环境规制能够通过影响生态创新并最终对经济绩效起到正面作用，但是有研究也认为环境规制对经济绩效的激励效果会受到行业、创新类型等方面的影响。贾菲（Jaffe，1997）和塞哈斯（Seijas，2007）的研究都显示，在不同行业中，环境规制对生态创新以及经济绩效的影响也存在差异。

如图 5 - 2 所示，作为生态绩效和经济绩效的共生行业，农业企业的生态创新会使得政府环境管制的推动和拉动效应更加明显。根据资源基础观理论，竞争优势来源于自身独特且难以模仿的资源。生态环境目标也是农业企业长期竞争优势建立以及经济绩效目标实现的前提条件，如果没有良好的生态环境，农业企业的经济绩效以及竞争优势就难以发挥。因此，行业特征会使得农业企业有意愿主动遵循政府环境规制政策，更少出现"阳奉阴违"的情况。生态创新中的经济导向创新也会让农业企业在新产品研发阶段就考虑创新的经济效益，在产品生产和市场拓展阶段之前就考虑市场的拉动作用。在双元导向的生态创新作用下，同时考虑生态因素和经济因素的行为能够兼顾农业企业的生态目标及经济目标，真正实现政府环境管理和生态保护的目标，提高农业企业的经济绩效。基于此，本书提出如下假设：

H4a：生态创新在政府环境规制和农业企业经济绩效之间起到中介作用。

H4b：生态创新在政府环境规制和农业企业环境绩效之间起到中介作用。

图 5 - 2　生态创新在政府规制影响农业企业经济及生态绩效中的中介效应模型

二、研究设计及问卷调查

根据模型推导和理论假设，本书采用问卷调查的方式进行实证研究，对双元视角生态创新进行直接测量。本章遵循规范的问卷设计原则和程序，设计测量量表，编制调查问卷，通过预测试和专家意见对问卷进行了修改。具体的研究步骤包括问卷设计、变量测量、预测试分析几个部分。

（一） 问卷设计过程

1. 问卷设计的原则

对于问卷设计来说，基本的原则是应尽可能简明，以便于受测者回答，并有一定的吸引力。本书的问卷设计遵照了李怀祖（2004）提出的原则，具体如下：第一，问卷不能够太长，问题不能够太多。第二，问卷中只能够包括与研究目的具有直接关系的问题。第三，问卷中的问题需要准确、简洁以及易懂。具体来说，问卷的语气要体现对被调查者的尊重；语句上需要尽量简短；表达上需要注意口语化和规范化；措辞方面需要避免过于专业化的术语以及抽象的概念。第四，问卷中的每个问题只能包括一个明确界定的概念，不能具有双重含义。第五，问卷中的问题不能带有倾向性，用词方面要注意保持中立性，避免提问方式对受测者造成诱导。第六，问卷必须尽量使受测者容易回答，不能够提出有可能难以真实回答的问题。第七，问卷尽量不问涉及个人隐私等方面的敏感性问题。第八，问卷问题尽量避免答非所问，保证题项的完备性。

为了确保问卷的填写质量，我们采取了一系列的控制措施。第一，在发放调查问卷时，直接交给公司法人或公司高层管理者（副总经理及以上岗位），由他们完成填写。这是因为本书的主题在于了解环境规制、双元视角的生态创新以及企业（经济/环境）绩效等内容，问卷内容涉及公司层面的信息，而这些企业层面的整体信息只有高层管理人员才熟悉并能够准确回答。第二，本书对绩效的评价采用当年的评价，这种通常采用的做法使得对企业绩效的评价更加稳定和准确。第三，本书调查问卷的问题尽量不涉及个人或企业隐私问题，为了打消受测者的顾虑和保护企业的内部敏感信息不外漏，问卷没有要求填写企业名称。在调查问卷的卷首语中，明确向受测者承诺本问卷数据仅用于学术研究，不涉及商业用途，保证对受测者提供的一切信息严格保密。此外，为激发受测者的兴趣和填写回答意愿，向受测者承诺如果他们对研究结论感兴趣，非常乐意与其分享研究结论。但为了匿名处理问卷的需要，告知他们不要把公司的信息直接写在填好的问卷上。第四，本调查问卷的设计经历了一个长期的修订过程，根据研究人员和管理人员的意见，对问卷的语言表达方式和遣词造句进行了多次的修改，尽量减少题项难以理解或表达不清楚的情况发生。

2. 问卷设计的过程

问卷设计的好坏直接关系到随后收集的数据质量和研究的信度高低。问卷设计按照以下过程来进行：通过文献回顾和对企业界有关人士的访谈形成题项；学术界专家讨论；企业界专家讨论；通过预测试对题项进行纯化，最终问卷定稿。本书的问卷设计经历了以下阶段。

（1）文献研究和实地访谈，设计调查问卷的初稿。笔者阅读了大量有关文献，梳理了环境规制、生态创新、经济和环境绩效的相关研究。在调查问卷设计之前，笔者选择了五家农业企业的高层管理人员进行了半结构化访谈，着重就环境规制的测量维度、环境导向创新的类型、经济导向创新的类型、企业经济/环境绩效等问题进行了交流和沟通，旨在使问卷内容不仅基于理论，而且契合企业实际。结合文献研究和实地访谈，本书形成了环境规制、环境导向创新、经济导向创新、经济绩效、环境绩效等变量的初始测量题项，设计了调查问卷的初稿。

（2）学术讨论，征求国内相关领域研究学者的意见。在初步完成问卷设计的初稿后，向中山大学、华南农业大学、仲恺农业工程学院的多位教授请教，对问卷内容进行了字斟句酌的修改，随后进一步征求他们对问卷初稿的题项设计、语言表达、结构编排和问卷格式等方面的意见和看法，最终形成了问卷修改稿。

（3）企业问卷试填和小组访谈。在小样本测试之前，笔者与多家企业的总经理和高层管理者进行了座谈和交流，请他们现场填写问卷修改稿，并根据填写过程中的感受从各自角度对问卷的测量内容、题项选择、问题易懂性、术语准确性等方面进行评价，提出修改意见。来自企业的实践管理者对问卷的内容和表达方面的意见具有很高的实用价值，他们修改了一些含混和生硬的学术表达，对一些敏感题项给出了设置和提问的建议办法。

（4）小样本测试及最终问卷确定。问卷的初次测量于 2015 年 6 ~ 9 月展开，采取方便抽样和滚动取样法（snowball sampling）来获取样本，对收回的 58 份有效问卷进行了数据分析和处理，对各潜变量的测量题项进行了再次修改和精练，去除了信度较低的题项。小样本测试显示结果良好，在修改的基础上形成了调查问卷的最终稿（见附录）。

（二）变量测量

本书所涉及的变量主要包括：双元视角的生态创新（环境导向创新、经济导向创新）、政府环境规制（命令型环境规制、激励型环境规制）。为保证问卷设计的有效性，问卷设计尽可能采用国内外相关研究中被认可的测量量表或项目。由于生态创新缺乏被广泛认同的测量量表（尚未开发出针对农业企业的测量量表），本书在以往多份问卷的基础上，发展了适合本书研究情境的由环境导向创新、经济导向创新共同构成的生态创新量表。

1. 生态创新的测量

本书的生态创新测量不仅要体现双元性的研究视角，而且还需要符合农业企业的组织特点。因此，本书在参考约翰斯顿（Johnstone，2005）、董颖等（2013）、成（Cheng，2014）等问卷测量的基础上，根据农业产业特征，将其生态管理创新、生态工艺创新、生态产品创新等维度，按经济导向创新和环境导向创新两个维度，重新进行编组测量，最终获得10个题项的量表（见表5－1）。

表 5－1   生态创新的维度和题项

因子	题项
经济导向创新	根据市场和顾客需求确定种植/养殖种类和产量； 推出的新产品能够领导产业发展的方向； 推出的新产品在市场上创造了许多新的商机； 推出的新产品比同行更快、更好； 构想出许多改善产品工艺或作业流程的新方法
环境导向创新	保护和改善生产所在地的生态环境，减少污染； 投入较多费用进行生态环保方面的创新； 引进或改进生产工艺以降低环境污染； 采用低毒低害或减少使用农药/化肥； 预先处理废弃物/污染物并减少丢弃（排放）

资料来源：笔者根据相关文献资料整理。

双元视角生态创新的测量采取国际上主流研究通行的方法，对环境导向创新和经济导向创新的数值进行数据处理。其中，双元互补能力选取经济导向创新和环境导向创新项目平均之后相乘数的数据，双元平衡能力选取环境导向创新和经济导向创新测量值差绝对值的数据。问卷的每个题项都分别给出了对应性表述，用 5 级 Likert 分量制来评价企业在每个题项上的倾向程度（选项分别为：非常不符合、不符合、一般、比较符合、非常符合），并根据判断填入相应的数字。

2. 政府环境规制的测量

从政府实施环境规制的角度来看，环境规制主要包括两种类型：命令控制型环境规制和激励型环境规制（赵玉民等，2009）。本书研究目的是探讨政府环境规制政策对生态创新以及企业环境和经济绩效的影响因素。从政府环境规制的类型角度，构建作用于生态创新，影响企业经济绩效和环境绩效的政府情景变量，说明政府环境规制的命令型环境规制和激励型环境规制对生态创新的作用。本书在波特和范德林德（Porter & van der Linde，1995）提出的概念框架基础上，将政府环境规制划分为政府命令型环境规制和政府激励型环境规制，并在借鉴包国宪等（2010）、程发新等（2013）设计的问卷的基础上，修改符合政府农业政策的相关问卷，共 6 个题项（见表 5 - 2）。

表 5 - 2　　　　　　　　　政府环境规制的维度和题项

因子	题项
命令型环境规制	政府禁止使用高毒及高污染的农药/化肥； 政府对产生高污染的种植（养殖）单位罚款； 政府加强对污染或破坏环境行为的巡视及处罚
激励型环境规制	政府对降低农药和化肥使用量的行为提供经济补贴； 政府对使用低毒低害农药化肥提供经济补贴； 政府对实施环保生产的单位提供经济补贴

资料来源：笔者根据相关文献资料整理。

3. 企业经济绩效与环境绩效的测量

生态（环境）绩效与经济绩效在参考里奇（Richey，2005）、李怡娜等（2011）问卷的基础上，结合农业企业的特点进行编制。由于调查的农业企业行业跨度较大,本书采取相对绩效指标,而不是绝对绩效指标测量生态(环境)绩效与经济绩效。其中经济绩效包括:销售收入、销售收入增长、市场占有率、企业利润。本书采取相对绩效指标测量生态(环境)绩效与经济绩效,只考察在本地区范围内,本企业和其他企业之间的差异性,减少异方差性。之所以不采用客观指标(例如年度财务数据)的原因主要有以下几个。第一,农业收入的区域差异性很大,例如在粤西贫困地区,当地经济效益很好的农业企业如果放到珠三角地区作为比较,相对收入就变得较差,体现不出区域内部优势。第二,由于农业企业很多都具有多元化经营的倾向,可能某些产业经济效益好,某些不好,总体财务数据难以体现真实情况,主观评判可能更为准确。第三,农业企业内部养殖业、种植业等行业的差异性比较大,绝对指标可能造成较大的误差。相对数据指标可以反映企业的相对竞争优势,反而比较准确。环境绩效包括:产品绿色标准、污染物/污水排放、农药/化肥使用量、环保型的农药/饲料/化肥使用量(见表5-3)。各项目采用 Likert 5 点量表,其中 1 代表远低于同行水平,2 代表略低于同行水平,3 代表与同行水平相当,4 代表略高于同行水平,5 代表远高于同行水平。

表5-3 经济绩效和环境绩效的题项

维度	题项
经济绩效	销售收入; 销售收入增长; 市场占有率; 企业利润
环境绩效	产品绿色标准; 污染物/污水排放; 农药/化肥使用量; 环保型的农药/饲料/化肥使用量

资料来源:笔者根据相关文献资料整理。

4. 控制变量题项的测量

为了更准确地体现生态创新的中介效应,本书在理论依据以及以往研究基础上,如贝罗内(Berrone,2013)的研究,将企业成立时间、企业规模、专利数量、环保投入、研发投入作为控制变量。虽然这些变量不是本书的研究重点，但有必要在研究中进行相应的控制。企业规模在一定程度上反映了企业的实力状况。企业规模越大，企业就会有更多的资源与能力实现成长，因此，企业规模是能影响企业行为和决策的重要变量，其对企业的绩效具有影响。同时，企业年龄也是影响企业成长绩效的重要因素，随着时间推移，经营时间越长的企业可能积累更强的关键资源与战略能力，有助于企业拓展新业务，提高企业绩效。此外，不同性质的企业，绩效也可能有所差异，为了剔除企业性质对本研究可能产生的干扰作用，本书也将环保投入、专利数量、研发投入作为控制变量。

企业年龄用问卷发放时间减去企业成立年份，并取自然对数。企业规模用调查当年企业的员工数量衡量，并取自然对数。专利数量在调查获得数据的基础上取自然对数。研发投入及环保投入以其占销售比例来衡量。研发投入选项为：0～1%；1%～2%；2%～3%；3%～4%；4%以上；环保投入选项为：0～0.5%；0.5%～1%；1%～1.5%；1.5%～2%；2%以上。

（三）预测试分析

问卷的预测试于 2015 年 6 月至 9 月展开，采取方便抽样和滚动取样法获取样本，即先发放给一定数量的农业企业家（或者企业副总及以上层次的高层管理），如果他有熟人也是企业家，就可以由他再采取类似的滚动法发放给下一位企业家。这次初试共对广东省内的农业企业家和高层管理发出 80 份问卷。由于在这一阶段主要是关注量表的效度及问卷的整体设计的情况，所以在选取样本时并没有作出过于严格的要求。预测试结果共回收问卷 61 份，2 份无效，有效问卷 59 份，有效回收率74%。

在研究过程中，虽然本书采用的是前人编制或修订过的量表，但还是需要进行预试工作，重新检验其信度，因为受试对象会因时间或外在等干扰因素对量表内涵产生不同的知觉和感受（吴明隆，2003）。本书预试的目的就是利用克龙巴赫系数（Cronbach's α）对问卷的信度进行检验，并进行探索性因子分析，对预试问卷进行修正。预试采用的分析工具是SPSS 19.0 软件。

信度分析主要了解问卷量表的可靠性，可靠性涉及量表项目内部一致性程度。克龙巴赫系数通常被用来检验变量的可靠性，一般认为在 0.7 以上是可接受的最小信度值。吴明隆（2003）认为，一份信度系数好的量表或问卷，其总量表的信度系数在 0.7 以上才是可以接受的，其分量表的信度系数在 0.6 以上才是可以接受的。本书以 0.7 作为克龙巴赫系数的最低标准。预测问卷的探索性因子分析主要是利用主成分分析（principal component analysis）和最大变异旋转法（varimax rotation）。这种探索性因子分析检测了测项对相应变量的因子负载模式，有助于进一步评价测项并决定是否予以保留。

通过测量，政府环境规制（命令型环境规制、激励型环境规制）、经济导向创新、环境导向创新和经济绩效、环境绩效的样本充分性（adequacy）的 KMO（Kaisex-Meyer-Olkin）值都超过了 0.7。而且，通过计算各维度的 α 信度系数以及单项对总项的相关系数（corrected item-total correlation）值，以检验各个维度的内部一致性信度。最终得到的问卷题项如表 5 - 4 所示，命令型环境规制包含 3 个题项，激励型环境规制包含 3 个题项，经济导向创新包含 5 个题项，环境导向创新包含 5 个题项，经济绩效包含 4 个题项，环境绩效包含 4 个题项。

表 5 - 4　　　　　　　　　核心变量初测的因子荷载和信度

变量	测量题项	因子载荷	信度	解释变量（%）
命令型环境规制	政府禁止使用高毒及高污染的农药/化肥	0.847	0.821	67.2
	政府对产生高污染的种植（养殖）单位罚款	0.833		
	政府加强对污染或破坏环境行为的巡视及处罚	0.751		
激励型环境规制	政府对降低农药和化肥使用量的行为提供经济补贴	0.845	0.801	62.3
	政府对使用低毒低害农药化肥提供经济补贴	0.798		
	政府对实施环保生产的单位提供经济补贴	0.762		
经济导向创新	根据市场和顾客需求确定种植/养殖种类和产量	0.832	0.818	58.6
	推出的新产品能够领导产业发展的方向	0.811		
	推出的新产品在市场上创造了许多新的商机	0.802		
	推出的新产品比同行更快、更好	0.712		
	构想出许多改善产品工艺或作业流程的新方法	0.734		

续表

变量	测量题项	因子载荷	信度	解释变量（%）
环境导向创新	保护和改善生产所在地的生态环境，减少污染	0.894	0.821	54.9
	投入较多费用进行生态环保方面的创新	0.698		
	引进或改进生产工艺以降低环境污染	0.842		
	采用低毒低害或减少使用农药/化肥	0.711		
	预先处理废弃物/污染物并减少丢弃（排放）	0.732		
经济绩效	销售收入	0.826	0.819	62.4
	销售收入增长	0.811		
	市场占有率	0.807		
	企业利润	0.723		
环境绩效	产品绿色标志	0.801	0.765	53.3
	污染物/污水排放	0.792		
	农药/化肥使用量	0.702		
	环保型的农药/饲料/化肥使用量	0.730		

注：本书根据海尔等（Hair et al., 1992）的因子负荷测量标准，将负载系数大于 0.5 作为评价变量效度的标准。

同时，在问卷初步测量阶段，我们也测量了因子的内部一致性系数，以及各个变量之间的相关系数（见表 5-5）。从结果来看，因子内部的一致性系数较高，而且环境规制、经济导向创新、环境导向创新和环境绩效、经济绩效之间呈现较为明显的正相关关系。正式问卷由此形成。

表 5-5   核心变量初测的相关性分析

变量	命令型环境规制	激励型环境规制	环境导向创新	经济导向创新	经济绩效	环境绩效
命令型环境规制	1					
激励型环境规制	0.300*	1				
环境导向创新	0.239	0.212	1			
经济导向创新	0.299*	0.362**	0.633**	1		
经济绩效	0.455**	0.323*	0.586**	0.552**	1	
环境绩效	0.473**	0.437**	0.532**	0.513**	0.880**	1

注：* 表示 $p < 0.05$，** 表示 $p < 0.01$。
资料来源：笔者计算整理。

三、数据分析及假设检验

本章的主要内容就是在问卷调查以及资料初步处理的基础上，借助统计工具进一步验证本章提出的政府环境规制、生态创新及企业经济和环境绩效之间的关系模型以及理论假设。

（一）问卷发放与样本特征

为了保证获取数据的真实可靠，笔者在问卷的发放过程中，对问卷发放的地区、问卷发放的对象，以及问卷发放的渠道等方面进行了控制，目的是尽可能地排除干扰因素，尽量提高问卷的质量。在发放地区的选择上，笔者选择广东省的农业企业来验证本书的假设。作为经济发展强省，广东在经济迅速发展的同时也饱受环境污染的困扰，近年来投入大量资金和资源进行农业污染治理工作，因此广东农业企业的行为模式及效果具有较好的参考价值。

正式问卷于 2015 年 10 月至 2016 年 1 月发放，采取直接当面发放的方式。调查团队利用社会关系以及课题调研的机会，和企业高层管理人员交流访谈，当面填写，当面回收。调查对象都为现任企业高层管理职务（副总经理以上级别），在本企业的工作年限都达到三年以上（每家企业发放并回收一份问卷）。本次调查共向广东省内的 500 家农业企业的负责人发放调查问卷，共回收了 374 份问卷，剔除数据严重缺失、填写明显不当的问卷，有效问卷为 312 份，有效回收率为 62.4%。调查的农业企业生产经营范围包括种植业（谷物、水果、蔬菜、茶叶、中药材）、养殖业（禽畜、水产）以及农产品加工等和生态环境密切相关的行业。

表 5-6 给出了 312 份有效问卷的描述性统计分析结果，从行业涵盖来看，农业企业类型分布比较广泛，产业类型包括了谷物蔬菜种植、水果种植、茶叶/油料种植、中药材种植、畜牧业养殖以及水产养殖等多种类型。而且由于农业企业混业经营和多种经营情况比较普遍，一些农业企业往往横跨两个甚至多个产业。从调查样本结构来看，大部分农业企业的规模集

中在 2000 人以下，这与广东省内农业企业以中小企业为主的特征是相符合的。企业成立时间主要集中在 3 ～ 10 年内，也有部分企业成立时间超过 10 年。需要指出的是，农业企业负责人的学历层次普遍不是很高，一半左右（50.7%）负责人的学历处于高中/中专阶段。大专及本科以上学历层次负责人占比不到 15% 。

表 5 - 6   样本单位的基本情况

题项	类别	数量	比例（%）	题项	类别	数量	比例（%）
员工数量	300 人以下	108	34.6	成立时间	3 年以内	30	9.6
	300 ～ 1000 人	97	31.1		3 ～ 5 年	112	35.9
	1001 ～ 2000 人	82	26.3		6 ～ 10 年	138	44.2
	2000 人以上	25	8.0		10 年以上	32	10.3
主要行业*	谷物蔬菜种植	161	51.6	负责人学历	小学及以下	28	9.0
	水果种植	88	28.2		初中	82	26.3
	茶叶/油料种植	53	17.0		高中/中专	158	50.6
	中药材种植	31	10.0		大专	31	10.0
	畜牧业养殖	110	35.3		本科及以上	13	4.1
	水产养殖	34	10.9				

注：*部分农业企业实施了多种经营（混业经营），从事行业也有多样化的特点。

由于调查问卷的填写对象为同一人，可能存在共同方法偏差问题（common method variances）。为避免这种情况对研究结果产生的影响，笔者在问卷设计时，采取标明答案没有对错之分、项目平衡、问卷匿名等方法，尽量避免共同方法偏差效应的产生（周浩、龙立荣，2004）。而且，在问卷回收之后，本书采用哈曼（Harman）单因素检验对研究中共同方法偏差的严重程度进行统计测量，即将本书的问卷题项一起做因子分析，未旋转（unrotated）的因子分析结果表明，第一个主成分占载荷量 33.242%，由于单一的因子并没有解释绝大部分的变异量，因此可以判定本书数据的共同方法偏差并不严重。

（二）信度检验与探索性因子分析

信度即可靠度，是指测量结果的一致性与稳定性程度，表示对同一或相似的母体，利用同一种特定的研究技巧，重复测量所得到结果的相同程度。本书将采用克龙巴赫系数、题项对总项相关系数、个别项目信度及潜在变项的成分信度来衡量各问项间的内部一致性。切福德（Cuieford，1965）曾指出克龙巴赫系数值大于0.7者为高信度，代表量表具有高度的内部一致性；若低于0.35则属于低信度，应予以拒绝；若介于二者之间，则表示尚可接受。农纳利（Nunnally，1978）则认为信度只要达到0.6便可保留。

探索性因子分析一般通过主成分法和方差最大正交旋转法来实现，抽取主成分时一般限定特征根大于1，通常要求抽取的因子至少能解释60%的方差。在对因子分析的结果进行讨论之前，一般要求进行巴特利特（Bartlett）球形检验和评估KMO指标（张文彤，2004）。如果变量间彼此独立，则无法从中提取公因子，也就谈不上因子分析法的应用。在SPSS软件中，可以通过巴特利特球形检验来判断，如果相关阵是单位阵，则各变量独立，因子分析法无效。KMO检验用来检查变量间的偏相关性。一般而言，KMO≥0.9，被认为是最佳的；0.8≤KMO<0.9，被认为是良好的；0.7≤KMO<0.8，被认为是中度的；0.6≤KMO<0.7，被认为是平庸的；0.5≤KMO<0.6，被认为是可悲的；KMO<0.5，则被认为是不可接受的。作为一般准则，当样本量大于或等于50时，因子负载系数大于0.3，则该测量题项可以被认为是显著的；当因子负载系数大于0.4时，表示该题项科研被认为是重要的；而负载系数超过0.5的题项应当被认为是非常重要的。为保证统计结果的严谨性，本书以负载系数大于0.5作为评价变量效度的标准。

在信度检验方面，本书运用SPSS 19.0对核心构念进行了信度和效度检验（见表5-7）。其中，KMO与巴特利特检验构念的内部信度，变量信度都在0.7以上，呈现较高的内部一致性，较为适合进行因子分析。同时在聚合效度方面，以量表测量的构念中，最小因子荷载都在0.709以上，这表明测量条目与其反映的构念之间具有良好的聚合效度。

表 5 - 7 核心构念的因子荷载和信度

变量	测量题项	因子载荷	信度
命令型环境规制	政府禁止使用高毒及高污染的农药/化肥	0.823	0.852
	政府对产生高污染的种植（养殖）单位罚款	0.821	
	政府加强对污染或破坏环境行为的巡视及处罚	0.727	
激励型环境规制	政府对降低农药/化肥使用量提供经济补贴	0.824	0.815
	政府对使用低毒低害农药化肥提供经济补贴	0.812	
	政府对实施环保生产的单位提供经济补贴	0.743	
经济导向创新	根据市场/顾客需求确定种植/养殖种类和产量	0.848	0.823
	推出的新产品能够领导产业发展的方向	0.824	
	推出的新产品在市场上创造了许多新的商机	0.795	
	推出的新产品比同行更快、更好	0.732	
	构想出许多改善产品工艺或作业流程的新方法	0.721	
环境导向创新	保护/改善生产所在地的生态环境，减少污染	0.915	0.814
	投入较多费用进行生态环保方面的创新	0.594	
	引进或改进生产工艺以降低环境污染	0.855	
	采用低毒低害或减少使用农药/化肥	0.726	
	预先处理废弃物/污染物并减少丢弃（排放）	0.709	

资料来源：笔者计算整理。

（三）效度检验

效度是用来衡量工具确实能测得要衡量变量的特质或功能。本书采用内容效度（content validity）与建构效度（construct validity）来分析研究问卷是否能达到测量目的。其中，内容效度主要是内容和结构的验证；而建构效度则是以过去的经验数据作为依据，将采用验证性因子分析法，分别检验变量的区别效度（discriminant validity）和收敛效度（convergent validity）。

本书对聚合效度的检验，根据观测变量的标准化因子负荷（factor loadings）及其显著性来判断，如果同一理论概念的不同观测变量的因子负荷值均显著大于0.5，则说明测量量表具有较好的聚合效度。区别效度作为区别量表不同维度或概念的程度，可以用相关系数或卡方（χ^2）检验来判断。当量表与不同概念的测量工具相关程度很低的时候，说明该量表具有区别效度。同时，如果平均变异抽取量（average variance extracted，AVE）大于共享变异（shared variance），也说明量表具有区分效度。

1. 内容效度检验

内容效度系指测量工具内容的适切性，若测量内容（问卷）足以涵盖研究计划想要探讨的所有架构及内容，就称得上具有良好的内容效度；此外，问卷内容若能代表想要测量的问题时，则表示内容效度高。笔者在设计量化问卷时，各变量的衡量项目都是以理论为基础，并参考国内外相关实证研究与量表，然后针对研究对象的农业企业特性加以修改，以确保采用题项的完整性与扩展性。接着再由专家和学者审慎检查内容，针对问卷各个构念的问项进行适当的润饰，继而进行预试及修正后再予以发放，因此，可以认为本书所使用的衡量工具应具有良好的内容效度。

2. 构建效度检验

在构建效度方面，本书首先进行了构建效度检验，各个变量内测指标的平均变异抽取量（AVE）的平方根都大于该构念与其他构念的相关系数，这说明这些条目测量的构念之间具有较好的区分效度。本书的研究重点是生态创新及环境规制的测量，因此本书对生态创新（环境导向创新和经济导向创新）、环境规制（命令型环境规制和激励型环境规制）进行了进一步的构建效度检验。

（1）环境导向创新和经济导向创新的构建效度检验。侯杰泰等（2004）把结构方程（SEM）模型的拟合指数分为四类：绝对指数、相对指数、增值指数（或比较指数）以及简约指数。本书根据侯杰泰等（2004）和温忠麟等（2004）学者的建议，提供了下列几项指标评价测量模型的拟合，分别是x^2、x^2/df、近似值误差均方根（RMSEA）、非范拟合指数（NNFI）及比较拟合指数（CFI）。x^2/df在$2.0 \sim 5.0$时，模型可以被接受；RMSEA低于0.1表示好的拟合，低于0.05表示非常好的拟合；而NNFI和CFI均大于0.90即被认为模型可以接受。

本书将环境导向创新和经济导向创新的各测项作为显示条目，进行变量区分效度的验证性因子分析（见图5-3）。表5-8的统计数据显示，模型A比模型B的拟合效果要好。这表明，本书中环境导向创新和经济导向创新两个变量之间具备较好的区分效度。从表5-8中的数据可以看出，模型 A 的整体拟合优度可以接受：χ^2/df 为 5. 42，略高于 5 这个最高上限；RMSEA 的值为 0. 127，略高于可接受值 0. 1；CFI 为 0. 97，NNFI 为 0. 95。由此可见，虽然部分拟合指标未达到理想状况，但 CFI 与 NNFI 指标拟合较好，整体而言战略柔性测量模型的拟合情况一般，但仍属可以接受的范围。

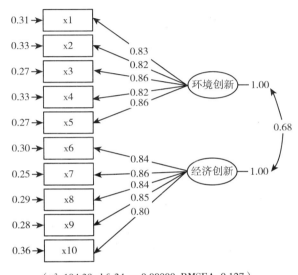

（χ^2=184.38, df=34, p=0.00000, RMSEA=0.127）

图 5 - 3　环境导向创新和经济导向创新的验证性因子分析模型

表 5 - 8　　环境导向创新和经济导向创新的验证性因子分析结果

模型	所含因子	χ^2	df	χ^2/df	RMSEA	CFI	NNFI
模型 A	2 个因子：环境导向创新；经济导向创新	184. 38	34	5. 42	0. 127	0. 97	0. 95
模型 B	1 个因子：环境导向创新 + 经济导向创新	967. 34	35	27. 64	0. 312	0. 86	0. 82

资料来源：笔者计算整理。

（2）环境规制的构建效度。本书将命令型环境规制和激励型环境规制的各测项作为显示条目，进行变量区分效度的验证性因子分析（见图 5 - 4）。表 5 - 9 的数据结果显示，模型 A 比模型 B 的拟合效果要好。这表明，本书中命令型环境规制和激励型环境规制这两个变量之间具备良好的区分效

度。从表 5 - 9 的数据可以看出，模型 A 的整体拟合优度较好：χ^2/df 为
6.12，高于 5 这个最高上限；RMSEA 的值为 0.137，略高于可接受值 0.1；
CFI 为 0.97，NNFI 为 0.95。由此可见，虽然部分拟合指标未达到理想状
况，但 CFI 与 NNFI 指标拟合较好，整体而言环境规制的拟合情况一般，
但仍属可以接受的范围。

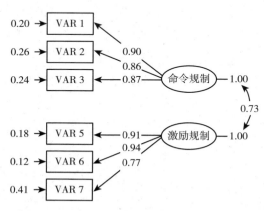

（χ^2=116.72, df=19, p=0.00000, RMSEA=0.137）

图 5 - 4　环境规制的验证性因子分析模型

表 5 - 9　　　　　　　命令型环境规制和激励型环境规制的验证性因子分析结果

模型	所含因子	χ^2	df	χ^2/df	RMSEA	CFI	NNFI
模型 A	2 个因子：命令型环境规制；激励型环境规制	116.72	19	6.12	0.137	0.97	0.95
模型 B	1 个因子：命令型环境规制 + 激励型环境规制	316.44	20	15.82	0.272	0.84	0.85

资料来源：笔者计算整理。

（四）变量的相关性分析

表 5 - 10 给出了本书所有变量的均值、标准差以及皮尔逊相关系数。
从结果来看，政府环境规制、环境和经济导向创新的双元平衡、环境和经
济导向创新的双元互补，以及经济绩效和环境绩效之间呈现显著的正相关
关系。命令型规制和环境/经济导向创新的双元平衡（r = 0.325，p <
0.01）、环境/经济导向创新的双元互补（r = 0.342，p < 0.01）显著正相

关；激励型环境规制和环境/经济导向创新的双元平衡（r = 0.371，p <
0.01）、环境/经济导向创新的双元互补（r = 0.533，p < 0.01）显著正相
关；经济绩效和环境/经济导向创新的双元平衡（r = 0.186，p < 0.01）、
环境/经济导向创新的双元互补（r = 0.269，p < 0.01）显著正相关。环境
绩效和环境/经济导向创新的双元平衡（r = 0.485，p < 0.01）、环境/经济
导向创新的双元互补（r = 0.502，p < 0.005）显著正相关。

表 5 - 10　　　　　　　　变量描述性统计以及相关系数矩阵

变量	1	2	3	4	5	6	7	8	9	10	11
1. 命令型环境规制	1										
2. 激励型环境规制	0.376**	1									
3. 双元平衡	0.325**	0.371**	1								
4. 双元互补	0.342**	0.533**	0.514**	1							
5. 经济绩效	0.226**	0.245**	0.186**	0.269**	1						
6. 环境绩效	0.221**	0.242**	0.485**	0.502***	0.188**	1					
7. 成立时间	0.352**	0.414**	0.215**	0.263**	0.185**	0.196**	1				
8. 企业规模	0.045	0.086	0.132*	0.195**	0.315**	0.212**	0.010	1			
9. 专利数量	0.035	0.124*	0.234**	0.135*	0.168*	0.178*	0.005	0.056	1		
10. 研发投入	0.046	0.146*	0.173*	0.242**	0.189*	0.143*	0.023	0.014	0.065	1	
11. 环保投入	0.153*	0.003	0.071	0.227**	0.196*	0.164**	0.101	0.075	0.135*	0.184*	1
平均值	3.462	4.101	1.421	11.035	3.421	3.841	3.332	3.190	3.021	3.421	2.042
标准差	1.189	1.248	0.968	4.212	1.620	1.745	1.501	1.021	2.003	1.643	1.692

注：样本量 N = 312；* 表示 p < 0.05，** 表示 p < 0.01，*** 表示 p < 0.005。

（五）多元回归分析及假设检验

1. 多元回归分析

在相关分析的基础上，本书将企业成立时间、企业规模、专利数量、
研发投入、环保投入作为控制变量，采用分层回归分析来检验提出的假
设。在控制企业成立时间、企业规模、专利数量、研发投入、环保投入的
情况下，回归结果如表 5 - 11 所示。对于农业企业而言，政府命令型环境
规制、政府激励型环境规制和组织环境绩效、组织经济绩效显著正相关；
环境/经济导向创新的双元互补、环境/经济导向创新的双元平衡和组织环

境绩效、组织经济绩效显著正相关。因此，假设 H1a、假设 H1b、假设 H2、假设 H3a、假设 H3b 得到验证。

表 5 – 11　　　　　　　　　　　　多元回归结果

变量	环境/经济导向创新的双元互补		环境/经济导向创新的双元平衡	
	模型 1	模型 2	模型 3	模型 4
常数项	2.501 ***	2.970 ***	1.437 ***	1.584 ***
成立时间	0.056	0.044	0.067	0.077
企业规模	0.031	0.057	0.049	0.048
专利数量	0.102	0.103	0.083	0.113 *
研发投入	0.047	0.067	0.014	0.025
环保投入	0.112	0.171 *	0.047	0.051
命令型环境规制	0.212 **		0.383 ***	
激励型环境规制		0.285 *		0.367 ***
F	8.858 ***	8.694 ***	9.672 ***	10.622 ***
R^2	0.187	0.184	0.202	0.218
调整的 R^2	0.166	0.163	0.181	0.197
ΔR^2	0.187	0.184	0.202	0.218
VIF 最大值	1.452	1.986	1.354	2.102

注：样本量 N = 312；* 表示 $p < 0.05$，** 表示 $p < 0.01$，*** 表示 $p < 0.005$。

　　同时，笔者借鉴巴伦和肯尼（Baron & Kenny，1986）的中介检验方法，在控制成立时间、企业规模、专利数量、研发投入、环保投入的基础上，采取多层回归分析方法，分以下步骤检验生态创新在政府环境规制和环境/经济绩效之间的中介作用。在控制变量之后，第 1 步用政府环境规制解释农业企业的环境/经济绩效；第 2 步用环境/经济导向创新的双元平衡、环境/经济导向创新的双元互补解释农业企业的环境/经济绩效；第 3 步用政府环境规制解释环境/经济导向创新的双元平衡、环境/经济导向创新的双元互补。最后，用政府环境规制（政府命令型环境规制、政府激励型环境规制）和生态创新（环境/经济导向创新的双元平衡、环境/经济导向创新的双元互补）同时代入模型中解释农业企业的环境/经济绩效。如果政府环境规制的回归系数不再显著而生态创新的回归系数仍然显著，则说明生态创新在政府环境规制影响环境/经济绩效的过程中起到完全中介作用；如果政府环境规制和生态创新的回归系数都显著，并且政府环境规制的回归系数显著下降，则说明生态创新在政府环境规制影响环境/经济绩效的过程中起到部分中介作用。

在中介检验的前 3 步已经得到检验之后，本书检验回归分析的最后一步，即在控制企业成立时间、企业规模、专利数量、研发投入、环保投入的基础上，使用政府环境规制和生态创新同时检验农业企业的环境/经济绩效指标时，发现生态创新在政府环境规制影响农业企业的环境/经济绩效的过程中，起到了部分中介作用（见表 5 - 12 和表 5 - 13）。具体来看，在使用政府命令型环境规制、环境/经济导向创新的双元互补解释环境/经济绩效时，发现政府命令型环境规制（B = 0.177，p < 0.05；B = 0.136，p < 0.05）、环境/经济导向创新的双元互补（B = 0.314，p < 0.005；B = 0.238，p < 0.01）对环境绩效和经济绩效都具有显著的解释能力；政府命令型环境规制（B = 0.129，p < 0.05；B = 0.140，p < 0.05）、环境/经济导向创新的双元平衡（B = 0.226，p < 0.005；B = 0.241，p < 0.01）对环境绩效和经济绩效都具有显著的解释能力。其中，政府命令型环境规制虽然对环境绩效和经济绩效仍然具有显著的解释能力，但是解释能力显著下降，这说明双元导向的生态创新（双元平衡、双元互补）在其中起到了部分中介作用。

政府激励型环境规制、环境/经济导向创新的双元互补解释环境/经济绩效时，发现政府激励型规制（B = 0.135，p < 0.05；B = 0.132，p < 0.05）、环境/经济导向创新的双元互补（B = 0.287，p < 0.01；B = 0.229，p < 0.01）对环境绩效和经济绩效都具有显著的解释能力；政府激励型环境规制（B = 0.139，p < 0.05；B = 0.159，p < 0.05）、环境/经济导向创新的双元平衡（B = 0.288，p < 0.01；B = 0.263，p < 0.01）对环境绩效和经济绩效都具有显著的解释能力。其中，政府激励型环境规制虽然对环境绩效和经济绩效仍然具有显著的解释能力，但是解释能力显著下降，这说明双元导向的生态创新（双元平衡、双元互补）在其中起到了部分中介作用。综上，假设 H4a、假设 H4b 得到部分验证。

表 5 – 12　　　　　　　　变量解释环境绩效的多元回归结果

变量	环境绩效							
	模型 5	模型 6	模型 7	模型 8	模型 9	模型 10	模型 11	模型 12
常数项	2.501 ***	2.970 ***	3.436 ***	3.456 ***	4.705 ***	4.902 ***	3.548 ***	3.594 ***
成立时间	0.056	0.044	0.090	0.119	0.090	0.115	0.078	0.104
企业规模	0.031	0.057	0.132 *	0.108	0.044	0.056	0.097	0.111
专利数量	0.102	0.103	0.112	0.114	0.107	0.100	0.114	0.118
研发投入	0.047	0.067	0.145 *	0.138 *	0.102	0.104	0.093	0.084
环保投入	0.102	0.171 *	0.023	0.041	0.033	0.022	0.019	0.014
命令型环境规制	0.202 **				0.177 *	0.129 *		
激励型环境规制		0.185 *					0.135 *	0.139 *
环境/经济导向创新的双元互补			0.328 ***		0.314 ***		0.287 ***	
环境/经济导向创新的双元平衡				0.429 ***		0.226 ***		0.288 ***
F	8.858 ***	8.694 ***	4.768 ***	4.982 ***	9.975 ***	10.989 ***	4.771 ***	5.014 ***
R^2	0.167	0.184	0.111	0.116	0.234	0.254	0.128	0.134
调整的 R^2	0.146	0.163	0.088	0.093	0.211	0.231	0.101	0.108
ΔR^2	0.167	0.184	0.111	0.116	0.234	0.254	0.128	0.134
VIF 最大值	1.253	1.685	2.111	2.015	1.857	1.495	2.212	2.257

注：样本量 N = 312； * 表示 $p < 0.05$， ** 表示 $p < 0.01$， *** 表示 $p < 0.005$。

表 5 – 13　　　　　　　　变量解释经济绩效的多元回归结果

变量	经济绩效							
	模型 13	模型 14	模型 15	模型 16	模型 17	模型 18	模型 19	模型 20
常数项	1.437 ***	1.584 ***	3.079 ***	3.239 ***	4.156 ***	4.434 ***	3.139 ***	3.303 ***
成立时间	0.067	0.077	0.084	0.100	0.057	0.040	0.073	0.065
企业规模	0.049	0.048	0.138 *	0.165 *	0.027	0.162 *	0.076	0.092
专利数量	0.083	0.113 *	0.061	0.104	0.049	0.112	0.068	0.117
研发投入	0.014	0.025	0.146 *	0.153 *	0.025	0.102	0.062	0.115
环保投入	0.047	0.051	0.018	0.056	0.018	0.068	0.030	0.011
命令型环境规制	0.163 ***				0.136 *	0.140 *		
激励型环境规制		0.267 ***					0.132 *	0.159 *

续表

变量	经济绩效							
	模型 13	模型 14	模型 15	模型 16	模型 17	模型 18	模型 19	模型 20
环境/经济导向创新的双元互补			0.399**		0.238**		0.229*	
环境/经济导向创新的双元平衡				0.387***		0.241**		0.263**
F	9.672***	10.622***	6.811***	3.264**	6.237***	7.423***	3.959***	3.747***
R^2	0.202	0.218	0.071	0.079	0.161	0.187	0.083	0.104
调整的 R^2	0.181	0.197	0.061	0.055	0.135	0.162	0.055	0.076
ΔR^2	0.202	0.218	0.071	0.079	0.161	0.187	0.083	0.104
VIF 最大值	1.254	1.875	1.653	2.056	2.115	1.879	2.116	2.423

注：样本量 N = 312； * 表示 $p < 0.05$， ** 表示 $p < 0.01$， *** 表示 $p < 0.005$。

2. 假设检验的验证结果

本书提出的研究假设已经在前面的内容中得到检验，本部分将给予整理和总结。从验证结果来看，假设 H1a、假设 H1b、假设 H2、假设 H3a 和假设 H3b，假设成立；假设 H4a 和假设 H4b 的结果得到部分验证，假设检验部分成立，即生态创新在政府环境规制以及企业经济/环境绩效之间起到了部分中介作用。政府环境规制一方面通过组织生态创新作用于企业经济及环境绩效，另一方面还通过其他途径或者直接作用于企业经济及环境绩效。具体验证结果如表 5 - 14 所示。

表 5 - 14   研究假设验证结果

假设	检验结果
H1a：生态创新对农业企业经济绩效具有显著的正向影响	通过
H1b：生态创新对农业企业环境绩效具有显著的正向影响	通过
H2：政府环境规制对农业企业生态创新具有显著的正向影响	通过
H3a：政府环境规制对农业企业环境绩效具有显著的正向影响	通过
H3b：政府环境规制对农业企业经济绩效具有显著的正向影响	通过
H4a：生态创新在政府环境规制和农业企业经济绩效之间起到中介作用	部分通过
H4b：生态创新在政府环境规制和农业企业环境绩效之间起到中介作用	部分通过

资料来源：笔者根据相关计算结果整理。

假设 H1a 为生态创新对农业企业经济绩效具有显著的正向影响。首先，本书检验了环境/经济导向创新的双元互补对农业企业经济绩效的正向影响（模型 15），该假设的标准化路径系数为 0.399，F 检验值为 6.811，$p < 0.005$，呈现显著相关，说明环境/经济导向创新的双元互补越强，越有利于农业企业的经济绩效。其次，本书检验了环境/经济导向创新的双元平衡对农业企业经济绩效的正向影响（模型 16），该假设的标准化路径系数为 0.387，F 检验值为 3.264，$p < 0.01$，呈现显著相关，说明环境/经济导向创新的双元平衡越强，越有利于农业企业的经济绩效。因此假设 H1a 得到支持。

假设 H1b 为生态创新对农业企业环境绩效具有显著的正向影响。首先，本书检验了环境/环境导向创新的双元互补对农业企业环境绩效的正向影响（模型 7），该假设的标准化路径系数为 0.328，F 检验值为 4.768，$p < 0.005$，呈现显著相关，说明环境/环境导向创新的双元互补越强，越有利于农业企业的环境绩效。其次，本书检验了环境/环境导向创新的双元平衡对农业企业环境绩效的正向影响（模型 8），该假设的标准化路径系数为 0.429，F 检验值为 4.982，$p < 0.005$，呈现显著相关，说明环境/环境导向创新的双元平衡越强，越有利于农业企业的环境绩效。因此假设 H1b 得到支持。

假设 H2 为政府环境规制对农业企业生态创新具有显著的正向影响。首先，本书检验了命令型环境规制对农业企业生态创新的正向影响（模型 1、模型 3）。第一，命令型环境规制对环境/经济导向创新的双元互补具有正向影响（模型 1）。该假设的标准化路径系数为 0.212，F 检验值为 8.858，$p < 0.005$，呈现显著相关，说明政府命令型环境规制越强，越有利于环境/经济导向创新的双元互补。第二，激励型环境规制对环境/经济导向创新的双元平衡具有正向影响（模型 3）。该假设的标准化路径系数为 0.383，F 检验值为 9.672，$p < 0.005$，呈现显著相关，说明政府命令型环境规制越强，越有利于环境/经济导向创新的双元平衡。其次，本书检验了激励型环境规制对农业企业生态创新的正向影响（模型 2、模型 4）。第一，激励型环境规制对环境/经济导向创新的双元互补具有正向影响（模型 2）。该假设的标准化路径系数为 0.285，F 检验值为 8.694，

$p < 0.005$，呈现显著相关，说明政府激励型环境规制越强，越有利于环境/经济导向创新的双元互补。第二，激励型环境规制对环境/经济导向创新的双元平衡具有正向影响（模型4）。该假设的标准化路径系数为0.367，F检验值为10.622，$p < 0.005$，呈现显著相关，说明政府激励型环境规制越强，越有利于环境/经济导向创新的双元平衡。

假设H3a为政府环境规制对农业企业环境绩效具有显著的正向影响。首先，本书检验了命令型环境规制对农业企业环境绩效的正向影响（模型5），该假设的标准化路径系数为0.202，F检验值为8.858，$p < 0.005$，呈现显著相关，说明政府环境规制的命令型环境规制越强，越有利于农业企业的环境绩效。其次，本书检验了激励型环境规制农业企业环境绩效的正向影响（模型6），该假设的标准化路径系数为0.185，F检验值为8.694，$p < 0.005$，呈现显著相关，说明激励型环境规制越强，越有利于农业企业的环境绩效。因此假设H3a得到支持。

假设H3b为政府环境规制对农业企业经济绩效具有显著的正向影响。首先，本书检验了命令型环境规制对农业企业经济绩效的正向影响（模型13），该假设的标准化路径系数为0.163，F检验值为9.672，$p < 0.005$，呈现显著相关，说明政府环境规制的命令型环境规制越强，越有利于农业企业的经济绩效。其次，本书检验了激励型环境规制农业企业经济绩效的正向影响（模型14），该假设的标准化路径系数为0.267，F检验值为10.622，$p < 0.005$，呈现显著相关，说明激励型环境规制越强，越有利于农业企业的经济绩效。因此假设H3b得到支持。

假设H4a为生态创新在政府环境规制和农业企业经济绩效之间起到中介作用。首先，本书已经检验了环境/经济导向创新的双元互补对农业企业经济绩效的正向影响（模型15），以及环境/经济导向创新的双元平衡对农业企业经济绩效的正向影响（模型16）。其次，证明了命令型环境规制对农业企业经济绩效的正向影响（模型13），以及激励型环境规制农业企业经济绩效的正向影响（模型14）。最后，在控制企业成立时间、企业规模、专利数量、研发投入、环保投入的基础上，使用政府环境规制、生态创新同时检验农业企业的经济绩效指标时，发现生态创新在政府环境规制影响农业企业的经济绩效的过程中，起到了部分中介作用。具体来看，在使用政府命令型环境规制、环境/经济导向创新的双元互补解释经济绩效时，发现政府命令型环境规制经济导向创新的双元互补对环境绩效和经济绩效都具有显著的解释能力；政府命令型环境规制、环境/经济导向创新的双元平衡、对环境绩效和经济绩效都具有显著的解释能力。其中，政府命令型环境规制虽然对环境绩效和经济绩效仍然具有显著的解释能力，但是解释能力显著下降，这说明双元导向的生态创新（双元平衡、双元互补）在其中起到了部分中介作用。政府环境规制一方面通过组织生态创新作用于企业经济绩效，另一方面还通过其他途径或者直接作用于企业经济绩效。因此假设 H4a 得到部分支持。

假设 H4b 为生态创新在政府环境规制和农业企业环境绩效之间起到中介作用。首先，本书已经检验了环境/经济导向创新的双元互补对农业企业环境绩效的正向影响（模型7），以及环境/经济导向创新的双元平衡对农业企业环境绩效的正向影响（模型8）。其次，证明了命令型环境规制对农业企业环境绩效的正向影响（模型5），以及激励型环境规制农业企业环境绩效的正向影响（模型6）。最后，在控制企业成立时间、企业规模、专利数量、研发投入、环保投入的基础上，使用政府环境规制、生态创新同时检验农业企业的环境绩效指标时，发现生态创新在政府环境规制影响农业企业的环境绩效的过程中，起到了部分中介作用。具体来看，在使用政府命令型环境规制、环境/经济导向创新的双元互补解释环境绩效时，发现政府命令型环境规制经济导向创新的双元互补对环境绩效和经济绩效都具有显著的解释能力；政府命令型环境规制、环境/经济导向创新的双元平衡对环境绩效和经济绩效都具有显著的解释能力。其中，政府命令型环境规制虽然对环境绩效和经济绩效仍然具有显著的解释能力，但是解释能力显著下降，这说明双元导向的生态创新（双元平衡、双元互补）在其中起到了部分中介作用。政府环境规制一方面通过组织生态创新作用于企业环境绩效，另一方面还通过其他途径或者直接作用于企业环境绩效。因此假设 H4b 得到部分支持。

从研究结论来看，政府的环境规制能够影响农业企业的生态创新，不仅促进了企业经济绩效的提高，而且促进了环境绩效的提高。具体来看，农业生产内部自然再生产和经济再生产共生的本质，使得农业生产的过程也就是经济导向创新和环境导向创新的过程。但是这两种创新之间的平衡和互补并不会自发产生，现实中也经常发生企业为了短期利益而破坏环境的事件。为了促使企业同时追求环境绩效和经济绩效，政府环境规制是有必要的。政府环境规制包括环境禁止性措施（增加破坏环境的成本）和环境补贴性措施（提高环境友好型企业的收益）。本书的研究发现，这两类规制都能够促使农业企业更加重视环境导向创新（提高两种创新之间的平衡度），重视环境导向创新和经济导向创新的互补作用（提高两种创新之间的互补水平），从而既能够促进环境绩效提高，也能够促进经济绩效提升。这反映了环境规制下农业企业的"理性应对"，环境规制促使企业进行环境导向创新（为了避免处罚或者得到补贴）。但是为了盈利，企业会有意识地"利用"环境导向创新，使之能够对经济导向创新产生促进作用（例如企业申请绿色生态标签的目的是为了有机产品的营销策略），从而获得竞争优势，抵销环境成本，取得更高的经济绩效。

第六章

结论与展望

通过前几章的详细分析，本书从共生理论和双元理论，对农业企业生态创新的内涵、特征及维度结构进行了理论分析和案例探讨，并构建了"政府环境规制—生态创新—环境和经济绩效"的理论模型进行实证检验。本章将对提出的研究问题进行总结，阐明本书的主要结论，指出本书的理论贡献和管理启示，并对本书的局限和未来研究方向进行说明。

第一节　主要研究结论

一、环境要素提升了农业及农产品的价值

环境的公共物品性质、产权无法清晰界定等特征，使得在工业领域内，政府的环境规制往往采用"压迫"的方式，通过构建外部的约束体系，改变市场经济个体基于"经济人"的个体选择做出的决策，"迫使"经济个体进行污染治理。但是本书通过理论推理和案例研究，发现生态环境对农业生产是有价值的，环境因素能够提高农业生产的经济价值。政府通过环境规制能够促使农业企业"主动"治理环境，在提升环境绩效的同时也增加经济绩效，打造企业竞争优势。

这既是农业企业生态创新研究的逻辑起点，也是推动农业供给侧改革以及生态文明建设的新动能所在。当前我国的农业发展形势已经到了从量变到质变的关键阶段，已经到了需要考虑如何通过持续性供给高质量的农

产品满足差异性消费需求的阶段。但是也存在两方面的疑虑：第一，高质量的农产品是否会"叫好不叫座"；第二，高质量的产品能否持续供给。这两个问题是相关的，但也有一定的差异性。从本书的解释来看，农产品的高质量就意味着高环境价值。正是因为农业生产的特殊性，更高的环境价值就意味着更高的经济收益，环境对农业以及农产品是有价值的。也正是因为高质量农产品的环境友好特征，在生产上才可以持续供给。此外，高质量农产品的持续供给还面临着商业方面的"经济问题"。本书提出的生态创新并非只是环境导向创新，而是环境导向创新和经济导向创新交融互补的创新模式。在第四章的肉苁蓉种植模式案例中，本书不仅强调了肉苁蓉的寄主梭梭树的环境价值，更为重要的是，企业通过提高生产效率、拓展产业链、开发市场的经济导向创新提高产品利润，从而"主动"提高种植面积，带动农户共同种植。所以，本书的研究不仅说明农业企业治理环境的主动性在于环境能够带来价值，更说明了农业供给侧改革以及生态文明建设的经济可行性。

二、农业企业生态创新是环境导向创新和经济导向创新的互惠共生

农业生产是经济再生产和自然再生产相互交织的过程，这是农业生产的本质特征。这种互为前提和相互交织的关系，体现在经济再生产（经济系统）和自然再生产（自然生态系统）之间不断进行的能量循环和物质转化。正是通过这种周而复始的物质能量循环，使得农业的自然再生产和经济再生产互为前提，交织在一起，体现出一种共生关系。自然再生产和经济再生产的"共生"使得农业生产不仅需要满足经济运行规律，也需要满足自然规律。

农业生态内涵可以解释为自然再生产和经济再生产协调发展的农业，这里的生态不仅指的是自然生态系统，还包括通过经济资源的合理配置，将环境治理和保护、农业生物的高效利用融为一体的，具有生态合理性、经济合理性的农业生态价值链体系。因此，农业的生态内涵要求自然再生产和经济再生产的合理比例关系，协调经济发展与生态环境的关系，寻求

资源开发与可持续利用，经济发展与环境保护相互协调的机制。

本书通过对共生理论的讨论及案例分析发现，环境导向创新和经济导向创新的共生耦合构成了农业创新。农业企业生态创新内部也会存在两种创新类型：环境导向的生态创新和经济导向的生态创新。这两类创新类型之间并不是"孤立"的，它们在农业企业内部呈现共生关系，进行着物质能量交换。两类创新之间的共生存在竞争共生、偏害共生、寄生共生、互惠共生等多种形态。只有环境导向创新和经济导向创新的互惠共生才是农业企业生态创新。

生态创新指的是农业企业主动实施的，既能够降低对环境的影响、促进环境绩效提高，又能够产生竞争优势和商业价值的创新。生态创新内部环境导向创新和经济导向创新之间能量和物质的交换循环可能给双方带来正面的效果，也有可能导致负面的影响，只有环境导向创新和经济导向创新的互惠共生模式（共生能够产生新能量，共生单元双方都得益），才能够同时促进环境导向创新和经济导向创新同时提高。

三、生态创新表现为环境导向创新和经济导向创新的平衡及互补关系

农业企业生态创新表现为环境和经济导向创新的平衡和互补关系。从农业企业生态创新的内部构成来看，只有环境和经济导向创新的平衡和互补才能够达成环境绩效和经济绩效双赢的目标。第一，环境导向创新和经济导向创新需要保持一定的比例关系（双元平衡），经济导向创新生产的能量资源能够弥补环境导向创新的能量资源消耗，环境导向创新也为经济导向创新提供了新的市场机遇和品牌价值。第二，环境导向创新和经济导向创新之间产生了互补及相互促进关系（双元互补）。在这种双元互补关系中，环境导向创新不仅促进环境绩效提高，还通过促进经济导向创新提高经济绩效；经济导向创新不仅促进经济绩效提高，还通过促进环境导向创新提高环境绩效。只有环境导向创新和经济导向创新都维持较高水平，并实现互补的生态创新模式会使得现代农业实现可持续发展，保证环境绩效和经济绩效的"双赢"目标。

双元视角的农业企业生态创新本质上体现了组织的动态能力。动态能力是组织为了应对快速变化的外部环境，将内部和外部资源进行整合、重新配置以及构建的能力。双元视角的生态创新体现出组织重新配置、重新组织企业的资产和流程，在维持经济导向创新的同时，开展环境导向创新的能力。从这个意义上来说，农业企业生态创新不仅描述环境导向创新和经济导向创新之间的互惠共生关系，更指的是动态能力产生的一系列决策以及惯例。这些措施能够帮助组织通过对资产重新配置，在经济导向创新获取利润的同时，通过环境导向创新发现并获取新的机会，实现环境绩效和经济绩效的双元目标。农业企业生态创新所代表的动态能力帮助农业企业权衡现有资产和惯例，使得组织能够通过经济导向创新获得利润，通过环境导向创新获取新的市场、提高效率或者减少成本，获得竞争优势，保证农业企业的长期生存成长。

四、环境规制能够影响生态创新并促进环境及经济绩效提升

本书从双元理论视角出发，构建并验证了"政府环境规制—生态创新—环境和经济绩效"的理论模型。研究发现，政府通过实施环境规制（命令型环境规制和激励型环境规制），农业企业的环境导向创新以及经济导向创新可以相互促进和提高，从而达到经济绩效和生态绩效"共赢"的状况。

第一，环境规制帮助农业企业降低环境导向创新和经济导向创新的矛盾。从生态创新形成的机制来看，政府环境规制在其中起到了重要的作用。如果不能产生经济利益，农业企业可能并不会投资进行环境导向创新。作为市场经济个体，企业更关注其经济利益（愿意进行经济导向创新），较少关注具有公共产品特征的环境导向创新。需要政府环境规制加以引导和限制，提升农业企业实施环境导向创新的意愿。通过禁止性政策增加企业不进行环境导向创新的成本，通过补贴性政策提升企业进行环境导向的收益，促使企业实施生态创新。因此，政府的环境规制能够提升两种创新之间的统一性，减少矛盾和对立。

第二，生态创新会使政府环境规制的政策效果更加明显。现代农业企

业再也不是简单提供生产及生活资料的产业部门，还具备了环境保护、资源节约、生态延续、食品安全、休闲娱乐等多种生态功能。没有良好以及逐步改善的生态环境，农业企业的经济绩效以及竞争优势难以发挥。因此，行业特征会使得农业企业更有意愿主动遵循政府环境规制政策，使政府环境规制的政策效果更加明显。生态创新中的经济导向创新也会让农业企业在新产品的研发阶段就考虑创新的经济效益，在产品生产和市场拓展阶段之前就考虑市场的拉动作用。在双元导向的生态创新作用下，同时考虑生态因素和经济因素的行为才能够兼顾农业企业的生态目标及经济目标，真正实现政府环境管理和生态保护的功能。

第二节　本书的理论贡献

一、重新认识环境对农业及农产品的价值

长期以来，对环境问题的研究集中在外部性问题的探讨方面。由于环境的特殊性，使得工业企业将环境及污染治理作为一种"负担"，需要政府环境规制政策"迫使"企业将污染问题内部化，将环境成本纳入生产函数中。

但本书发现，对于利用环境（自然环境以及人工改造的环境）进行生产的农业经济组织来说，环境是一种重要的生产资料，良好的环境甚至就是经济价值。因此和非农产业相比，农业还有主动实施环境导向创新、治理环境污染的动力。而且从农业企业实施生态创新的过程来看，在很多情况下，环境导向创新和经济导向创新是融为一体的，很多时候农业企业的环境导向创新就是经济导向创新，能够直接产生经济价值。

本书对农业环境价值的重新认识对农业以及产品具有重要意义。本书的研究发现，良好的环境价值和经济价值并不矛盾，甚至能够产生更高的经济溢价。从这个角度来看，农业供给侧改革以及生态文明建设是有经济可行性的。

二、拓展农业企业生态创新的理论内涵

本书从双元视角对生态创新概念内涵的构建具有较好的理论价值，拓展了农业企业生态创新的理论内涵。从生态创新自被提出开始，其概念"既能显著降低对环境的影响又能为企业带来商业价值的创新"的内涵就成为学术界关注的焦点问题。有关生态创新的研究提出了环境绩效和经济绩效不矛盾的观点，很多研究也指出需要以一种更加开放以及多元的态度看待生态创新的概念框架和理论内涵问题。

本书的可能贡献在于，采用共生理论和双元理论，拓展了双元视角农业企业生态创新的理论内涵，构建了环境导向创新和经济导向创新的结构关系。具体来看：第一，本书运用共生理论，划分了生态创新内部，环境导向创新和经济导向创新之间的五种共生模式（竞争共生、偏害共生、寄生共生、偏利共生、互惠共生），并建立数学模型，使用共生度（共生系数）、平衡度（平衡系数）指标定义了五种共生模式，发现只有当两种创新之间能够产生正面作用（双元互补）、两种创新的收益及损耗至少达到边际平衡（双元平衡）的情况，才属于互惠共生，才能够实现生态创新同时促进环境和经济绩效的目标。第二，在确定生态创新内部共生关系的基础上，本书进一步运用双元理论，从环境导向创新和经济导向创新的双元平衡以及双元互补这两个维度，构建并验证了"农业企业环境规制—生态创新—环境和经济绩效"的理论模型。本书有效辨别并刻画了农业企业生态创新双元性的内涵，揭示了生态创新对企业经济及环境绩效的作用，为未来两种创新关系的探讨以及生态创新研究提供了更多的理论支持。

三、揭示生态创新促进环境及经济绩效提升的路径

生态创新的研究不可回避的就是它和经济绩效之间的关系问题。当前大部分对于生态创新的研究重点探讨生态创新环境绩效的问题。但是对于市场经济个体来说，如果不能产生竞争优势，不能获得更好的经济收益，那么这类创新往往是难以持续的。因此，为了保证农业企业持续治理污染

甚至主动进行环境创新,需要将农业企业改善生态环境的"环境导向创新"和追求经济效益的"经济导向创新"结合起来,使得生态导向创新也成为农业企业经济收益的重要来源,才能真正地促使农业企业主动保护环境,进行生态文明建设。

本书的可能贡献在于,揭示了农业企业生态创新促进环境和经济绩效提升的路径。环境和经济导向创新之间产生了相互促进作用(互补关系),从而"放大"了单独的环境导向创新对环境绩效的作用,"放大"了单独的经济导向创新对经济绩效的作用。从经济导向创新对环境导向创新的促进作用来看:(1)经济导向创新创造的利润能够支持企业进行环境导向创新,并提高生态导向的投资。如果没有经济导向创新提供的资源,环境导向创新将是难以持久的。(2)经济导向创新获得的经验能够提高企业对技术、资源以及管理模式的运用能力,这种提高的一个很重要的结果就是使得企业实施环境导向创新更为顺利和有效。从环境导向创新对经济导向创新的促进来看,环境导向创新能够为经济导向创新拓展新的(生态)市场和业务。(3)环境导向创新所产生的外部效应(例如生态品牌效应)不仅能够提高企业的知名度,也能够促进企业经济导向创新的实施。(4)随着生态理念逐步深入人心,环境导向创新生产的产品和服务能够获得更高的溢价,从而取得更多的资源进行经济导向创新。

四、构建并验证环境规制通过生态创新影响经济及环境绩效的模型

对环境规制能否促进创新进而提升国家和企业竞争能力的研究,一直是创新管理、环境管理领域内的重要内容。波特假说阐述了环境规制能够促进环境改善和企业竞争能力、提升"双赢"目标的可能性,引起了理论和实践工作者的广泛讨论。但是环境规制通过技术创新影响经济及环境绩效的作用机理却尚未清晰,通过理论分析和案例研究提出的波特假说并未明确指出环境规制能够促使企业进行哪种类型的创新,以及这些创新如何促进企业竞争能力以及环境绩效的提升。由于缺乏针对性的理论框架分析环境规制导致环境和经济绩效双赢目标的内部机理,导致相当部分对于波

特假说验证的研究似乎变成了"数学游戏",对数据及计量工具的差异化运用产生了相互矛盾的研究结论。

本书的可能贡献在于:本书从双元性理论出发,构建并验证了"环境规制—生态创新—环境和经济绩效"的理论模型,初步打开了强波特假说中,环境规制促进企业竞争能力提升作用机理的"理论黑箱"。从研究结论来看,政府的环境规制能够影响农业企业的生态创新,不仅促进了企业经济绩效的提高,而且促进了环境绩效的提高。具体来看,农业生产内部自然再生产和经济再生产共生的本质特征,使得农业企业创新的过程也成为经济导向创新和环境导向创新相互交织的过程。但是这两种创新之间的平衡和互补并不会自发产生,现实中也经常发生企业为了短期利益而破坏环境的事件。为了促使企业同时追求环境绩效和经济绩效,政府规制是有必要的。政府规制包括命令型环境规制(增加破坏环境的成本)和激励型环境规制(提高环境友好型企业的收益)。本书的研究发现,这两类规制都能够促使农业企业更加重视环境导向创新(提高两种创新之间的平衡度),重视环境导向创新和经济导向创新的互补作用(提高两种创新之间的互补水平),从而既能够促进环境绩效提高,也能够促进经济绩效提升。这实际反映了环境规制下企业做出的"理性应对",环境规制促使企业进行环境导向创新(可能会增加成本),但是为了盈利,企业会有意识地"利用"环境导向创新,使之能够对经济导向创新产生促进作用(例如企业申请绿色生态标签的目的是为了有机产品的营销策略),从而获得竞争优势,抵销环境成本,取得更高的经济绩效。

第三节　本书的实践启示

本书的选题来源于农业企业的实践,从经济及管理实践中汲取了养料,研究的结果也对政府政策和企业实践有一定的指导和借鉴意义。

一、需要关注同时提升经济绩效和环境绩效的生态创新

改革开放40多年来,我国在经济社会领域获得巨大成就的同时,资源

环境问题也日益凸显。治理污染、改善环境已经成为党和各级政府以及人民群众的集体共识。但是从现实情况来看，作为发展中国家，中国区域之间的自然环境和经济发展水平差异巨大，很多农村贫困地区在面临严峻环境压力的同时，也具有强烈的经济发展需求。如果仅仅依靠政府补贴或者禁止性措施，短期内也许能够促使农业企业、农户等市场经济主体实施环境导向创新，改善环境绩效，但是这种状况是难以持续的，也会损害经济主体创新的积极性。

对于农业企业（农户）等市场经济主体而言，环境绩效固然重要，但是首先需要考虑关乎其生存的经济绩效问题。因此，同时提升经济绩效和环境绩效的生态创新对我国农业的可持续发展具有重要的理论价值和现实意义。我国农业的区域差异性非常明显，不同区域由于自然气候条件、经济发展水平、文化社会环境的差异性会导致农业发展路径的差异性。西北等经济落后地区，生态环境也极为脆弱，农业发展需要在国家补贴扶持的前提下，重点进行环境导向创新，同时兼顾经济导向创新；东南等经济相对发达、环境基础较好的地区，农业发展需要在国家禁止性政策的前提下，平衡环境导向创新和经济导向创新；东南等经济相对发达但环境基础已经遭到破坏的地区，需要重点进行环境导向创新，兼顾经济导向创新。中国农业发展水平和环境背景的差异性，决定了中国生态创新的发展不能照搬西方发达国家的模式。处于转型阶段的中国农业发展，需要正确处理好环境保护和经济发展的关系，努力达到习近平总书记提出的"既要绿水青山，又要金山银山""绿水青山就是金山银山"的状态。

二、培育农业企业生态创新的双元能力

面对不断变化的外部环境，农业企业也需要具备生态创新的"动态能力"或者"动态核心能力"。在市场需求已经出现分化、市场状况异常复杂的当前中国，广大消费者对农业生产已经赋予了更多的内涵。农业部门已经不仅仅是简单提供生产及生活资料的产业部门，现代农业还被赋予了环境保护、资源节约、生态延续、食品安全、休闲娱乐等多种生态和社会功能属性。在这种背景下，就需要农业企业在考虑企业经济绩效的同时，

也需要考虑环境和社会绩效等多重目标。从本质上来说，这体现了农业企业需要在战略定位、组织架构、实际操作等多个方面具备双元能力。

从组织双元性的特点来看，生态创新要求企业在战略定位方面不仅实施环境导向定位，也需要进行经济导向定位，因为对于农业企业而言，环境导向代表了企业未来的机遇及发展方向。此外，在实际操作方面，技术部门和市场部门需要通力合作，在产品开发、种植/养殖、市场开发、销售服务等多个方面，都同时考虑环境导向创新和经济导向创新。例如进行有机蔬菜种植和销售的企业，在进行产品开发的阶段不仅考虑环境因素，还需要考虑哪种品类的产品更符合市场需求、更能够吸引消费者的目光。制约有机食品企业发展壮大的并非是单纯的经济问题，或者是环境问题，而是综合了环境和经济的多元问题。当前有机食品之所以面临生产规模小、市场占有率低的状况，核心原因是在生产、销售及产品成本等信息方面的不透明、不对称，消费者对有机食品只有粗浅的认识，但是对其产品的成本、优势等多方面的了解不清晰，导致了有机食品出现"叫好不叫座"的情况发生。所以，有机食品企业的发展不能仅仅依靠环境导向创新（产品有机化），也不能仅仅依靠经济导向创新（生产扩大），而是需要将两种创新结合起来，在蔬菜有机化种植的时期就考虑如何将"产品优势"推广给消费者（两种创新互补），提高消费者对有机产品的认知，才能够真正提升企业的竞争优势。

三、政府环境规制对农业企业生态创新的促进作用

同时，本书也指出了政府环境规制对企业生态创新的重要作用。党的十八大提出要大力推进生态文明建设，并指出"把生态文明建设放在突出地位，融入经济建设、政治建设、文化建设、社会建设各方面和全过程，努力建设美丽中国，实现中华民族永续发展"。从党的十八大报告中可以清楚地发现，生态文明建设和经济建设是不冲突的，甚至可以将生态文明建设"融入"经济建设中，这说明经济建设和生态文明建设融合发展之路，是实现美丽中国、实现中华民族永续发展的重要内容。

在双元视角生态创新的实施过程中，政府环境规制起到了重要作用。

需要承认的是，作为区域发展不均衡的发展中国家，很多农村地区首要解决的仍然是经济发展问题，特别是在生态环境原本十分脆弱的地区，如果没有政府的环境规制，很可能造成环境的破坏，造成新一轮"先污染后治理"的困境。政府环境规制都能够对环境导向创新和经济导向创新的双元平衡和双元互补产生作用。对于农户、农业企业等市场经济组织来说，它们首先重视的往往是经济绩效，然后才是环境绩效。如果环境导向创新和经济导向创新产生了矛盾（例如对资源进行争夺），市场经济主体首要考虑的一般是经济导向创新。在这种情况下，就需要政府通过环境规制进行控制及协调，保证市场经济组织在进行经济导向创新的同时也考虑环境导向创新，提升环境绩效。政府环境规制通过两个方面对生态创新产生促进作用。从政府环境规制的划分来看，政府环境规制包括命令型环境规制和激励型环境规制。命令型环境规制以政策、法律法规对市场经济主体进行控制规范，禁止其进行损害环境绩效的行为，或者要求其进行某些有助于环境绩效的行为。以市场为基础的激励型环境规制通过征收排污费、环境税和发放补贴等方式促使企业主动进行环境导向创新，促进环境绩效提升。因此，政府环境规制能够促进生态创新，进而促进环境绩效。当环境导向创新达到了一定程度，企业也会权衡这两种创新之间的关系，"利用"环境导向创新，实现两种创新之间的互补关系，从而实现环境绩效和经济绩效双赢的目标。

第四节　本书的局限与未来研究方向

一、研究局限

需要承认的是，本书的研究仍然是对环境导向创新和经济导向创新、生态创新以及环境规制、农业企业经济绩效和环境绩效等变量复杂关系的初步探索，还有很多问题值得进一步深入挖掘。包括更大规模和更大样本的测量，更多调节变量（如行业动态性、行业竞争性）以及其他变量（如吸收能力）对模型的影响等，这些都是下一步需要进行的工作。在后续研究中，笔者希望通过更为全面的理论分析以及探索性案例分析，完善模型，识别出更多的影响因素，将其纳入原有的模型中，建立更为完善的、有解释力的理论框架，进一步提高研究结论的解释力度和针对性。

尽管本书得出了一些较有意义的研究结论，但由于主观能力不足和客观资源约束，仍存在一些问题，这些问题需要在未来研究中加以改善。主要表现在以下几个方面：

首先，对双元视角生态创新的行业范围和研究对象进行拓展。本书选择了农业这类环境绩效和经济绩效密切相关的行业进行双元内涵的探索和研究。这是因为本书分析的逻辑起点在于：农业的本质特征是自然再生产和经济再生产的交织结合。其他行业显然并不具备这样的特征。所以，其他行业的生态创新类型、内涵以及特点还需要进行进一步探讨。从本书的研究结论来看，环境导向创新、经济导向创新的平衡互补可能只会发生在某些特定行业内部（例如本书的研究对象在低端制造业、采矿业等行业中很难出现）。而且，相对于农业科技研究机构、农户等其他农业经济主体来说，农业企业的市场创新能力更强，也具有更多的资源优势，更有实施生态创新的主观动力和客观能力，因此本书选择了农业企业作为研究对象。未来也需要拓展研究对象，探讨农户、农业科技研究机构等主体的生态创新行为。

其次，部分变量的测度指标仍然有待完善。虽然本书的测度量表是在文献整理的基础上，通过专家学者评价，以及企业中高层管理人员访谈之后才拟订的，并通过了信度和效度检验。然而这种测量方式仍然具有较大的主观性，存在一定的测度偏差和缺陷。因此结合客观数据进行综合评价，将有助于提高本研究的质量。而且，从正式测量的反馈来看，有部分被试反映，对于生态创新问卷的测量项目仍然过于复杂，造成了一部分被试的理解偏差，这也是未来需要进一步修正和改善的地方。而且本书对于生态创新的测量是采取复合指标获得的，先测量环境导向创新和经济导向创新，再计算生态创新。下一步需要设计直接测量农业企业生态创新的测量问卷。

再次，分析案例以及调查样本的代表性需要进一步增强。由于农业区域之间的差异性较大，因此本书在案例分析上选择了西北地区、东南地区、华南地区的生态创新案例进行分析，并针对广东省农业企业进行了问卷调查。尽管本书研究获得的有效样本的数量基本满足了实证研究的要求，但由于问卷发放的渠道有限，难以排除该地域内农业企业固有的一些特性影响，这在一定程度上制约了研究结果的推广性和代表性。因此，未来需要在更广泛的区域范围内检验本书的研究结论。

最后，由于本书涉及潜变量交互作用（组织双元性）模型，并对一些变量进行了控制，难以采用结构方程工具（structural equation modeling，SEM）来检验组织双元性的中介效应。因此，本书将这些变量进行层级回归（hierarchical regression analysis）来检验模型的假设，这种方法虽然能够控制其他控制变量的影响，但同时也存在许多潜在的问题有待于解决。

二、未来的研究拓展

本书从共生理论和双元理论出发，运用理论推演和案例分析，探讨了农业企业内部环境导向创新和经济导向创新的共生关系类型，以及生态创新的理论内涵、特征。同时，本书建立并检验了"政府环境规制—生态创新—企业环境和经济绩效"的理论模型，对环境规制影响生态创新、促进企业经济和环境绩效的内部机理进行了研究。对于生态创新还有许多问题有待于深入研究，主要表现在以下几个方面。

首先，从双元视角生态创新的内涵和研究拓展来看，组织双元性所代表的矛盾思维及管理模式的理论价值和实践意义已经越来越得到研究者的重视和认同，很多研究从双元视角对战略管理、技术创新、领导方式等问题进行探讨。本书从双元视角研究生态创新内部经济导向创新和环境导向创新的平衡及互补关系，对于生态创新这类跨学科、跨专业的研究课题来说，今后需要引入更具有解释力度的理论和研究范式进行讨论和分析，包括多层次分析和跨学科分析工具。而且本书的分析重点放在公司（组织）层次上，并未涉及领导、团队、员工层面。但是公司层次上的生态创新可能在很大程度上来源于个体层次上高层管理者的双元性行为（既关注环境问题也关注绩效问题），也来自员工在实施过程中的双元性行为（情景双元性）。所以，对生态创新的领导层次、部门（员工）层次上的研究，以及跨层次分析也将是未来研究的一个重要方面。

其次，对于影响生态创新的前因变量、中介变量和调节变量还需要进行更深入的探讨。当前的学术研究已经认识到生态创新的重要意义和作用，但是对于生态创新的研究还主要集中在"前因变量—生态创新—环境绩效"这样的框架结构之中。而这个框架体系需要进一步拓展，包括更多政府层面、公司层面以及个人层面前因变量的引入。还需要更多关于前因变量影响生态创新的机理研究（中介变量），以及行业特征、环境因素作为调节变量的探讨。本书虽然已经考虑到了企业规模、企业年龄、行业特征等基本情况，但还没有将中国农业背景下的制度等因素以及环境因素纳入研究框架中。所以，今后也有必要进一步探讨企业外部制度环境和竞争环境对模型的影响。

最后，当前学术界从不同的理论视角对生态创新进行定位，一方面导致了生态创新操作变量的通用性不强，难以为后续研究提供理论参考；另一方面也使得当前的理论视角不能体现生态创新对环境绩效和经济绩效的双元作用。本书的重点试图解决第二个问题。但是生态创新研究的通用性问题还需要进行后续的研究。这是因为本书在模型构建时，参考的是双元性研究，采用的是两个变量分别进行问卷测量之后"计算"得到的综合变量。今后的研究需要进行直接测量研究，直接编制反映生态创新的问卷题项，从而提高研究的说服力。

综上，在后续研究中，需要在反映中国农业区域特征的探索性案例分析的基础上，建立更完备的反映生态创新双元关系的理论框架，提高研究结论的针对性和解释力度。

附录

农业企业调查问卷

尊敬的领导：

您好！非常感谢您在百忙中接受我的采访。本问卷是为了调查<u>生态创新产生的原因及影响因素</u>。您的意见和反馈对我们的研究非常重要，请您在调查中尽量反馈<u>真实的想法，您的回答没有正确与错误之分</u>。本问卷的数据仅用于学术研究，严格保密，保证不在任何情况下以<u>直接或间接方式提到您本人</u>。非常感谢您的支持与合作！

华南农业大学经济管理学院

1. 被调查者个人基本情况

A1 您的性别：（　　　）

① 男　　　　　　　② 女

A2 您的年龄：（　　　）

① 18 岁以下　　　② 18～25 岁　　　③ 26～35 岁

④ 36～45 岁　　　⑤ 45～55 岁　　　⑥ 55 岁以上

A3 您的文化程度：（　　　）

① 小学以下　　　② 小学　　　　　③ 初中

④ 高中或中专　　⑤ 大专　　　　　⑥ 大学本科及以上

2. 政府环境规制政策

以下选项是否符合本地政府实施的环境规制政策？请在最符合的答案上打"√"。

题项	非常不符合	不符合	一般	比较符合	非常符合
B1 政府禁止使用高毒及高污染的农药/化肥	1	2	3	4	5
B2 政府对产生高污染的种植（养殖）单位罚款	1	2	3	4	5
B3 政府加强对污染或破坏环境行为的巡视及处罚	1	2	3	4	5
B4 政府对降低农药/化肥使用量提供经济补贴	1	2	3	4	5
B5 政府对使用低毒低害农药化肥提供经济补贴	1	2	3	4	5
B6 政府对实施环保生产的单位提供经济补贴	1	2	3	4	5

3. 企业实施创新的实际情况

以下选项是否符合企业当前实施创新的实际情况，请在最符合的答案上打"√"。

题项	完全不符合	比较不符合	一般	比较符合	完全符合
C1 根据市场/顾客需求确定种植/养殖种类和产量	1	2	3	4	5
C2 推出的新产品能够领导产业发展的方向	1	2	3	4	5
C3 推出的新产品在市场上创造了许多新的商机	1	2	3	4	5
C4 推出的新产品比同行更快、更好	1	2	3	4	5
C5 构想出许多改善产品工艺或作业流程的新方法	1	2	3	4	5
C6 保护/改善生产所在地的生态环境，减少污染	1	2	3	4	5
C7 投入较多费用进行生态环保方面的创新	1	2	3	4	5
C8 引进或改进生产工艺以降低环境污染	1	2	3	4	5
C9 采用低毒低害农药/化肥或减少使用农药/化肥	1	2	3	4	5
C10 预先处理废弃物/污染物并减少丢弃（排放）	1	2	3	4	5

4. 企业的经济绩效和环境绩效

以下选项是否符合企业当前的经济绩效和环境绩效，请在最符合的答案上打"√"。

题项	远低于同行水平	略低于同行水平	与同行水平相当	略高于同行水平	远高于同行水平
D1 销售收入	1	2	3	4	5
D2 销售收入增长	1	2	3	4	5
D3 市场占有率	1	2	3	4	5
D4 企业利润	1	2	3	4	5
E1 产品绿色标准	1	2	3	4	5
E2 污染物/污水排放	1	2	3	4	5
E3 农药/化肥使用量	1	2	3	4	5
E4 环保型的农药/饲料/化肥使用量	1	2	3	4	5

5. 企业基本情况

F1 本企业的成立时间：_____年。

F2 本企业当前员工数量：_____人。

F3 本企业具有专利数：_____个。

F4 本企业从事的行业是（可以多选，包括种植或养殖加工）：（　　　）

① 谷物蔬菜种植　② 水果种植　　③ 茶叶/油料种植

④ 中药材种植　　⑤ 畜牧业养殖　⑥ 水产养殖

F5 本企业的研发投入占销售额的：（　　　）

① 0～1%　　　② 1%～2%　　③ 2%～3%

④ 3%～4%　　⑤ 4% 以上

F6 本企业的环境保护（污染治理）投入占销售额的：（　　　　）

① 0～0.5%　　② 0.5%～1%　③ 1%～1.5%

④ 1.5%～2%　　⑤ 2% 以上

问卷到此为止。

感谢您的支持和配合，祝您身体健康，家庭幸福！

参 考 文 献

[1] [英] A. C. 庇古:《福利经济学》,朱泱等译,商务印书馆 2011 年版。

[2] 包国宪、任世科:《政府行为对企业技术创新风险影响路径》,载《公共管理学报》2010 年第 7 期。

[3] [美] 保罗·萨缪尔森:《经济学(第 16 版)》,萧琛译,华夏出版社 1999 年版。

[4] 鲍健强、翟帆、陈亚青:《生产者延伸责任制度研究》,载《中国工业经济》2007 年第 8 期。

[5] 蔡根女:《农业企业经营管理》,高等教育出版社 2003 年版。

[6] 蔡乌赶、周小亮:《企业生态创新驱动、整合能力与绩效关系实证研究》,载《财经论丛》2013 年第 1 期。

[7] 陈红喜、刘东、袁瑜:《环境政策对农业企业低碳生产行为的影响研究》,载《南京农业大学学报》2013 年第 7 期。

[8] 陈志明、徐彬、揭筱纹:《"中道思维"与和谐共生:农业科技企业技术创新管理模式研究》,载《农村经济》2012 年第 6 期。

[9] 程发新、王薇:《政府法规、制造战略选择与企业绩效的关系研究》,载《管理学报》2013 年第 4 期。

[10] 戴越:《波特假说三个层面的当下证说与建言》,载《求索》2013 年第 11 期。

[11] [美] 丹尼尔·F. 史普博:《管制与市场》,余晖等译,上海三联书店、上海人民出版社 1999 年版。

[12] 邓少军、芮明杰:《高层管理者认知与企业双元能力构建——基于浙江金信公司战略转型的案例研究》,载《中国工业经济》2013 年第 11 期。

［13］丁泽霁：《农业经济学基本理论探索》，中国农业出版社 2001 年版。

［14］董颖、石磊：《"波特假说"——生态创新与环境规制的关系研究述评》，载《生态学报》2013 年第 3 期。

［15］杜金沛：《农业科技创新主体的国际比较及其发展的主流趋势》，载《科技进步与对策》2011 年第 6 期。

［16］冯锋、肖相泽、张雷勇：《产学研合作共生现象分类与网络构建研究——基于质参量兼容的扩展 Logistic 模型》，载《科学学与科学技术管理》2013 年第 2 期。

［17］冯秀萍：《农业发展进程中的生态文明发展演变》，载《江西农业大学学报》2011 年第 2 期。

［18］辜胜阻、黄永明：《加快农业技术创新与制度创新的对策思考》，载《经济评论》2000 年第 6 期。

［19］郭文、王丽：《影视型主题公园旅游开发"共生"模式研究及其产业聚落诉求——以央视无锡影视基地为例》，载《旅游学刊》2008 年第 4 期。

［20］郭永昌：《乡村社区—旅游景区共生模式研究》，载《资源开发与市场》2011 年第 2 期。

［21］何红渠、沈鲸：《环境不确定性下中国国际化企业双元能力与绩效关系》，载《系统工程》2012 年第 8 期。

［22］何自力、徐学军：《生物共生学说的发展与在其他领域的应用研究综述》，载《企业家天地》2006 年第 11 期。

［23］贺坤、李小平：《共生与产业融合复合视角下的现代休闲农业园规划与实践研究》，载《生态科学》2015 年第 6 期。

［24］洪黎民：《共生概念发展的历史、现状及展望》，载《中国微生态学杂志》1996 年第 8 期。

［25］侯杰泰、温忠麟、成子娟：《结构方程模型及其应用》，教育科学出版社 2004 年版。

［26］胡帮勇：《贫困地区农户发展生态养殖业的意愿及影响因素》，载《广东农业科学》2012 年第 13 期。

［27］胡保亮：《商业模式创新双元性与企业绩效的关系研究》，载

《科研管理》2015 年第 11 期。

［28］胡元林、孙华荣：《环境规制对企业绩效的影响：研究现状与综述》，载《生态经济》2016 年第 1 期。

［29］黄俊毅：《我国荒漠化和沙化土地连续 10 年"双缩减"》，载《经济日报》2015 年 12 月 30 日。

［30］黄少安：《产权经济学导论》，经济科学出版社 2004 年版。

［31］黄少安、刘阳荷：《科斯理论与现代环境政策工具》，载《学习与探索》2014 年第 7 期。

［32］黄卫红：《"共生型"农产品价值链构建与农业产业化经营的内在关系研究——广东燕塘乳业有限公司经营模式探讨》，载《农村经济》2007 年第 12 期。

［33］惠宁、卢月、熊正潭：《创新、模仿与企业效率：一个文献综述》，载《西北大学学报》2012 年第 5 期。

［34］简乃强：《农业经济学》，华南理工大学出版社 1983 年版。

［35］姜春云：《以生态文明引领农业农村可持续发展》，载《求是》2011 年第 22 期。

［36］姜秀兰、沈志渔：《基于波特假说的企业生态创新驱动机制与创新绩效研究》，载《经济管理》2015 年第 5 期。

［37］蒋伏心、王竹君、白俊红：《环境规制对技术创新影响的双重效应——基于江苏制造业动态面板数据的实证研究》，载《中国工业经济》2013 年第 7 期。

［38］焦豪：《双元型组织竞争优势的构建路径：基于动态能力理论的实证研究》，载《管理世界》2011 年第 11 期。

［39］金碚：《资源环境管制与工业竞争力关系的理论研究》，载《中国工业经济》2009 年第 3 期。

［40］荆浩、张东秀：《面向生态创新的商业模式与企业绩效研究述评》，载《中国科技论坛》2013 年第 9 期。

［41］李宾、周向阳：《环境治理的新思路》，载《华东经济管理》2013 年第 5 期。

［42］李大兵、景再方、司伟：《现代农业企业管理》，山西经济出版

147

社 2006 年版。

［43］李红霞、周可：《"共生型"农产品价值链构建初探——以家乐福超市农产品价值链管理为例》，载《农村经济》2008 年第 8 期。

［44］李虹、王靖添：《产业共生循环经济村镇模式研究——以河南新乡七里营镇为例》，载《农业经济问题》2008 年第 6 期。

［45］李桦：《战略柔性与企业绩效：组织双元性的中介作用》，载《科研管理》2012 年第 4 期。

［46］李怀祖：《管理研究方法论（第 2 版）》，西安交通大学出版社 2004 年版。

［47］李俊华：《网络环境下企业双元性创新能力生成的内在机理研究》，载《科技管理研究》2016 年第 7 期。

［48］李南、梁洋洋：《临港产业共生的全球运作实践与跨案例分析》，载《管理现代化》2016 年第 3 期。

［49］李强、冯波：《企业会"低调"披露环境信息吗?》，载《中南财经政法大学学报》2015 年第 4 期。

［50］李天放、冯锋：《跨区域技术转移网络测度与治理研究——基于共生理论视角》，载《科学学研究》2013 年第 5 期。

［51］李怡娜、叶飞：《制度压力、绿色环保创新实践与企业绩效关系：基于新制度主义理论和生态现代化理论视角》，载《科学学研究》2011 年第 12 期。

［52］李忆、桂婉璐、刘曜：《家长式领导对双元创新的影响：与企业战略匹配》，载《华东经济管理》2014 年第 1 期。

［53］林琳、陈万明：《创业导向、双元创业学习与新创企业绩效关系研究》，载《经济问题探索》2016 年第 2 期。

［54］刘畅、高杰：《基于共生理论的中国农业产业化经营组织演进》，载《农村经济》2016 年第 6 期。

［55］刘嘉谷：《农业经济学》，四川科技出版社 1991 年版。

［56］刘捷萍：《中国创意农业价值共生效应实现策略研究》，载《湖北社会科学》2011 年第 11 期。

［57］刘晶茹、聂鑫蕊、周传斌、石垚、刘瑞权：《农工共生型生态产

业园的构建——以郑州经开区为例》，载《生态学报》2015 年第 12 期。

[58] 刘满凤、危文朝：《基于扩展 logistic 模型的产业集群生态共生稳定性分析》，载《科技管理研究》2015 年第 8 期。

[59] 刘新梅：《控制机制、组织双元与组织创造力的关系研究》，载《科研管理》2013 年第 10 期。

[60] 卢东宁：《基于生态文明建设的农业技术创新模式研究》，载《农业经济问题》2009 年第 9 期。

[61] 马蓝、安立仁、张宸璐：《合作经验、双元学习能力对合作创新绩效的影响》，载《中国科技论坛》2016 年第 3 期。

[62] 马少华、欧晓明：《农业企业的内涵研究：一个不可忽视的话题》，载《农村经济》2013 年第 6 期。

[63] 马旭军、宗刚：《基于 Logistic 模型的员工和企业共生行为稳定性研究》，载《经济问题》2016 年第 1 期。

[64] 马媛、侯贵生、尹华：《绿色创新、双元性学习与企业收益的关系——基于资源型企业的实证研究》，载《技术经济》2016 年第 5 期。

[65] ［美］迈克尔·波特：《竞争优势》，陈小悦译，华夏出版社 2005 年版。

[66] 毛学峰、孔祥智、辛翔飞、王济民：《我国"十一五"时期农业科技成果转化现状与对策》，载《中国科技论坛》2012 年第 6 期。

[67] ［加］纳塔利：《经济、生态与环境科学中的数学模型（影印版）》，科学出版社 2006 年版。

[68] 彭雪蓉、黄学：《企业生态创新影响因素研究前沿探析与未来研究热点展望》，载《外国经济与管理》2013 年第 9 期。

[69] 彭雪蓉、刘洋、赵立龙：《企业生态创新的研究脉络、内涵澄清与测量》，载《生态学报》2014 年第 10 期。

[70] 邵云飞、詹坤、钱航：《共生理论视角下高校协同创新共生一体化研究》，载《科技进步与对策》2015 年第 8 期。

[71] 沈小波：《环境经济学的理论基础、政策工具及前景》，载《厦门大学学报（哲学社会科学版）》2008 年第 6 期。

[72] 沈弋、徐光华、钱明：《双元创新动因、研发投入与企业绩

效——基于产权异质性的比较视角》，载《经济管理》2016 年第 2 期。

［73］石忆邵：《略论农业创新体系》，载《农业经济问题》1999 年第 8 期。

［74］史焱文、李二玲、李小建：《农业创新系统研究脉络及启示》，载《经济地理》2014 年第 3 期。

［75］［美］斯蒂格利茨：《经济学（第二版）》，梁小民等译，中国人民大学出版社 2000 年版。

［76］苏彦萍、朱世福：《梭梭人工造林及肉苁蓉人工栽培技术》，载《内蒙古林业科技》2012 年第 3 期。

［77］孙永磊、宋晶：《双元领导风格、组织柔性与组织创造力》，载《中国科技论坛》2015 年第 2 期。

［78］谭建伟、梁淑静：《产业技术创新战略联盟共生系统稳定性分析》，载《重庆大学学报》2014 年第 5 期。

［79］涂俊、吴贵生：《基于 DEA－Tobit 两步法的区域农业创新系统评价及分析》，载《数量经济技术经济研究》2006 年第 4 期。

［80］王敬华、丁自立、马洪义、钟春艳：《关于农业科技成果转化资金绩效管理的思考与对策》，载《科技进步与对策》2013 年第 2 期。

［81］王倩：《企业生态理论下的农业企业发展研究》，黑龙江教育出版社 2008 年版。

［82］王益民、梁萌：《政治关联、治理机制对战略双元的影响——基于中国上市公司数据的实证研究》，载《中国管理科学》2012 年第 S1 期。

［83］王志丹、吴敬学、毛世平：《不同科技创新主体农业科技成果转化绩效研究》，载《中国科技论坛》2013 年第 12 期。

［84］温兴琦：《基于共生理论的创新系统结构层次与运行机制研究》，载《科技管理研究》2016 年第 12 期。

［85］温忠麟、侯杰泰、马什赫伯特：《结构方程模型检验：拟合指数与卡方准则》，载《心理学报》2004 年第 2 期。

［86］吴俊杰、盛亚、姜文杰：《企业家社会网络、双元性创新与技术创新绩效研究》，载《科研管理》2014 年第 2 期。

［87］吴明隆：《SPSS 统计应用实务：问卷分析与应用统计》，科学出

版社 2003 年版。

[88] 吴志军：《生态工业园区产业共生关系分析——以南昌高新技术产业开发区为例》，载《经济地理》2010 年第 7 期。

[89] [英] 西尔维唐、[英] 查尔斯沃斯：《简明植物种群生物学》，李博等译，高等教育出版社 2003 年版。

[90] 肖兰兰：《论农业企业的科技创新主体地位》，载《江西农业大学学报》2013 年第 9 期。

[91] [美] 熊彼特：《经济发展理论》，何畏等译，商务印书馆 1990 年版。

[92] [美] 熊彼特：《经济周期循环论》，叶华译，中国长安出版社 2009 年版。

[93] 熊伟、王久臣：《三峡环库多业共生耦合循环农业生态系统初构》，载《农业工程学报》2013 年第 14 期。

[94] 徐彬、揭筱纹：《多元共生：农业科技企业技术创新的战略导向》，载《软科学》2010 年第 7 期。

[95] 徐彬、揭筱纹、郑浩文：《共生环境中的农业科技成果转化模式研究》，载《农村经济》2010 年第 11 期。

[96] 徐敏、马旭洲、王武：《稻蟹共生系统水稻栽培模式对水稻和河蟹的影响》，载《中国农业科学》2014 年第 9 期。

[97] 薛海荣：《太仓探索组建村办合作农场》，载《现代管理》2012 年第 10 期。

[98] 薛捷：《区域创新环境对科技型小微企业创新的影响：基于双元学习的中介作用》，载《科学学研究》2015 年第 5 期。

[99] 杨静、施建军、刘秋华：《学习理论视角下的企业生态创新与绩效关系研究》，载《管理学报》2015 年第 6 期。

[100] 杨名远：《农业企业经营管理学》，中国农业出版社 1997 年版。

[101] 杨燕：《生态创新的概念内涵和特征：与一般意义上创新的比较与思考》，载《东北大学学报》2013 年第 12 期。

[102] 姚延婷、陈万明、刘光岭：《我国农业创新系统参与主体的网络功能研究》，载《农业经济问题》2014 年第 6 期。

[103] 俞雅乖、高建慧:《生态新农村:我国田园环境与城市生活和谐共生的新农村建设模式——浙江省宁波滕头村的实践启示》,载《农村经济》2011 年第 11 期。

[104] 袁纯清:《共生理论——兼论小型经济》,经济科学出版社1998 年版。

[105] 袁健新:《内蒙古阿拉善左旗腾格里乌兰布和沙漠飞播造林筑起"绿色长城"》,载央广网 2015 年 5 月 27 日。

[106] 张波、丘俊超、王宇丰、罗玶玶、向安强:《从"稻田养鸭"到"稻鸭共生":民国以来"稻田养鸭"技术的过渡与转型——以广东地区为中心》,载《农业考古》2015 年第 3 期。

[107] 张成、陆旸、郭路:《环境规制强度和生产技术进步》,载《经济研究》2011 年第 2 期。

[108] 张丹、刘某承、闵庆文、成升魁、孙业红、焦雯:《稻鱼共生系统生态服务功能价值比较——以浙江省青田县和贵州省从江县为例》,载《中国人口·资源与环境》2009 年第 19 期。

[109] 张峰、王睿:《政府管制与双元创新》,载《科学学研究》2016 年第 6 期。

[110] 张丽君、吴俊瑶:《阿拉善盟生态移民后续产业发展现状与对策研究》,载《民族研究》2012 年第 2 期。

[111] 张琳杰、李峰、崔海洋:《传统农业生态系统的农业面源污染防治作用——以贵州从江稻鱼鸭共生模式为例》,载《生态经济》2014 年第 5 期。

[112] 张晓恒、周应恒、张蓬:《中国生猪养殖的环境效率估算》,载《农业技术经济》2015 年第 5 期。

[113] 赵丽平、杨贵明、赵同科:《鸡桑药共生模式库区土壤养分变化及流失风险》,载《生态学报》2012 年第 12 期。

[114] 赵细康:《环境保护的制度安排及其创新》,载《广东社会科学》2008 年第 2 期。

[115] 赵细康:《引导绿色创新:技术创新导向的环境政策研究》,经济科学出版社 2006 年版。

［116］赵晓兵：《污染外部性的内部化问题》，载《南开经济研究》1999 年第 4 期。

［117］赵玉民、朱方明、贺立龙：《环境规制的界定、分类与演进研究》，载《中国人口·资源与环境》2009 年第 6 期。

［118］郑晓明、丁玲：《双元能力促进企业服务敏捷性》，载《管理世界》2012 年第 2 期。

［119］周辰：《任志强退休后的新工作：去沙漠种梭梭树，计划一亿棵》，载《澎湃新闻》2015 年 5 月 8 日。

［120］周浩、龙立荣：《共同方法偏差的统计检验与控制方法》，载《心理科学进展》2004 年第 6 期。

［121］周建亮、鄢晓非：《我国金融与实体经济共生关系的实证研究》，载《统计与决策》2015 年第 2 期。

［122］周静、马彦令：《农业市场经营与农业企业管理》，东北大学出版社 2010 年版。

［123］朱道华：《农业经济学》，中国农业出版社 2001 年版。

［124］左玉辉：《环境经济学》，高等教育出版社 2003 年版。

［125］Angela Triguero, Lourdes Moreno-Mondéjar and María A Davia, "Drivers of Different Types of Eco-innovation in European SMEs," *Ecological Economics*, Vol. 92, No. 25, 2013, pp. 25 – 33.

［126］Arumapperuma S, "Agricultural Innovation System in Australia," *Journal of Business Systems*, *Governance and Ethics*, Vol. 1, No. 4, 2006, p. 15.

［127］Barbera A J, "The Impact of Environmental Regulations on Industry Productivity：Direct and Indirect Effects," *Journal of Environmental Economics and Management*, Vol. 18, No. 1, 1990, pp. 50 – 65.

［128］Baron R M, Kenny D A, "The Moderator Mediator Variable Distinction in Social Psychological Research：Conceptual, Strategic and Statistical Considerations, " *Journal of Personality and Social Psychology*, Vol. 52, No. 6, 1986, pp. 1173 – 1182.

［129］Beise M and Kennings K, "Lead Markets and Regulation：A Framework for Analyzing the International Diffusion of Environmental Innovations,"

Ecological Economics, Vol. 6, No. 1, 2005, pp. 5 – 17.

[130] Berrone P and Fosfuri A, "Necessity as the Mother of 'Green' Inventions: Institutional Pressures and Environmental Innovations," *Strategic Management Journal*, Vol. 34, No. 8, 2013, pp. 891 – 909.

[131] Brunnermeier S B and Cohen M A, "Determinants of Environmental Innovation in US Manufacturing Industries," *Journal of Environmental Economics and Management*, Vol. 45, No. 2, 2003, pp. 278 – 293.

[132] Cao Q and Gedajlovice E, "Unpacking Organizational Ambidexterity: Dimensions, Contingencies and Synergistic Effects," *Organization Science*, Vol. 20, No. 4, 2009, pp. 781 – 796.

[133] Chiou T Y, Chan H K, Lettice F and Chung S H, "The Influence of Greening the Suppliers and Green Innovation on Environmental Performance," *Transportation Research Part E Logistics & Transportation Review*, Vol. 47, No. 6, 2001, pp. 822 – 836.

[134] Claude Fussier and Peter James, *Driving Eco-innovation: A Breakthrough Discipline for Innovation and Sustainability* (London and Washington, DC: Pitman Pub, 1996), p. 7.

[135] Cuieford J P, *Fundamental Statistics in Psychology and Education* (New York: McGraw – Hill, 1965).

[136] De Marchi V, "Environmental Innovation and R&D Cooperation: Empirical Evidence from Spanish Manufacturing Firms," *Research Policy*, Vol. 41, No. 3, 2013, pp. 614 – 623.

[137] Del Río González P, "The Empirical Analysis of the Determinants for Environmental Technological Change: A Research Agenda," *Ecological Economics*, Vol. 68, No. 3, 2009, pp. 861 – 878.

[138] Demirel P and Kesidou E, "Stimulating Different Types of Eco-innovation in the UK: Government Policies and Firm Motivations," *Ecological Economics*, Vol. 70, No. 8, 2011, pp. 1546 – 1557.

[139] Douglas A E, *Symbolic Interactions* (Cambridge: Oxford University Press, 1994), pp. 1 – 11.

[140] Duncan R, "The Ambidextrous Organization: Designing Dual Structures for Innovation," *The Management of Organization*, No. 1, 1976, pp. 167 – 188.

[141] Florida R, "Lean and Green the Move to Environmentally Conscious Manufacturing," *California Management Review*, Vol. 39, No. 1, 2006, pp. 2829 – 2854.

[142] Frondel M, "End-of-Pipe or Cleaner Production: An Empirical Comparison of Environment Innovation Decisions across OECD Countries," *Business Strategy and the Environment*, Vol. 16, No. 8, 2007, pp. 571 – 584.

[143] Gadenne D I, et al. "An Empirical Study of Environmental Awareness and Practices in SMEs," *Journal of Business Ethics*, Vol. 84, No. 1, 2009, pp. 45 – 63.

[144] Gibson C B and Birkinshaw J, "The Antecedents, Consequences and Mediating Role of Organizational Ambidexterity," *Academy of Management Journal*, Vol. 47, No. 4, 2004, pp. 209 – 226.

[145] Gilley K M and Worrell D L, "Corporate Environment Initiatives and Anticipated Firm Performance: The Differential Effects of Process-Driven Versus Product-Driven Greening Initiatives," *Journal of Management*, Vol. 26, No. 6, 2000, pp. 1199 – 1216.

[146] Godfrey P C, "The Relationship between Corporate Philanthropy and Shareholder Wealth: A Risk Management Perspective, " *Academy of Management Review*, Vol. 30, No. 4, 2005, pp. 777 – 798.

[147] Gollop F M and Robert J, "Environmental Regulations and Productivity Growth: The Case of Fossil Fueled Electric Power Generation," *Journal of Political Economy*, Vol. 91, No. 4, 1983, pp. 654 – 665.

[148] Hair J F, Anderson R E, Tatham R L and Black W C, *Multivariate Data Analysis* (New York: Macmillan, 1992).

[149] He Z and Wong P, "Exploration vs Exploitation: An Empirical Test of the Ambidexterity Hypothesis," *Organization Science*, Vol. 15, No. 4, 2004, pp. 481 – 494.

[150] Heifand R, "Standards Versus Standards: The Effects of Different

Pollution Restrictions," *The American Economic Review*, Vol. 27, No. 9, 1991, pp. 622 – 634.

［151］ Holmqvist M and Spicer A, *The Ambidextrous Employee: Exploiting and Exploring People's Potential* (Bingley: Emerald Group Publishing Limited, 2012).

［152］ Horbach J, "Determinants of Environmental Innovation New Evidence from German Panel Data Sources," *Research Policy*, Vol. 37, 2008, pp. 163 – 173.

［153］ Jaffe A B and Palmer K, "Environmental Regulation and Innovation: A Panel Data Study," *The Review of Economics and Statistics*, Vol. 79, No. 4, 1997, pp. 610 – 619.

［154］ Jaffe A B, et al. "A Tale of Two Market Failures: Technology and Environmental Policy," *Ecological Economics*, Vol. 54, No. 2, 2005, pp. 164 – 174.

［155］ Jens Horbach, "Do Eco-innovations Need Specific Regional Characteristics? An Econometric Analysis for Germany," *Clean Technologies and Environmental Policy*, Vol. 14, 2014, pp. 1047 – 1058.

［156］ Johnstone N, "Environmental Policy and Corporate Behavior" (report for the OECD Conference on Public Environmental Policy and the Private Firm, 2005).

［157］ Judge W and Douglas T J, "Performance Implications of Incorporating Natural Environmental Issues into the Strategic Planning Process," *Journal of Management Studies*, Vol. 35, No. 2, 1998, pp. 241 – 262.

［158］ Jung C K, "Incentives for Advanced Pollution Abatement Technology at the Industry Level: An Evaluation of Policy Alternatives," *Journal of Environmental Economics and Management*, Vol. 30, 1996, pp. 95 – 111.

［159］ Justin J P Jansen, Zeki Simsek and Qing Cao, "Ambidexterity and Performance in Multiunit Context: Cross-level Moderating Effects of Structural and Resource Attributes," *Strategic Management Journal*, Vol. 33, 2012, pp. 1280 – 1303.

［160］ Kemp R and Foxon T, "Eco-innovation from an Innovation Dynamic

Perspective" (deliverable of MEI Project, 2008).

[161] King A and Lenox M, "Does It Really Pay to Be Green? An Empirical Study of Firm Environmental and Financial Performance," *Journal of Industry Ecology*, Vol. 5, No. 1, 2001, pp. 105 – 111.

[162] Labonne J and Johnstone N, "Environmental Policy, Management and R&D," *OECD Economic Studies*, Vol. 1, 2007, pp. 169 – 203.

[163] Lans L, "Optimal Environmental Taxation in the Presence of Other Taxes: General Equilibrium Analyses," *American Economic Review*, Vol. 86, No. 4, 1996, pp. 985 – 1006.

[164] March J G, "Exploration and Exploitation in Organizational Learning," *Organization Science*, Vol. 2, No. 1, 1991, pp. 71 – 87.

[165] OECD, *Sustainable Manufacturing and Eco-innovation toward a Green Economy* (OECD Policy Brief, 2009).

[166] O'Reilly C and Tushman M, "Organizational Ambidexterity: Past, Present and Future," *The Academy of Management Perspectives*, Vol. 27, No. 4, 2013, pp. 324 – 338.

[167] Pankaj C Patel and Jake G, "Walking the Tightrope: An Assessment of the Relationship between High-performance Work Systems and Organizational Ambidexterity," *Academy of Management Journal*, Vol. 5, No. 1, 2013, pp. 1420 – 1442.

[168] Pavitt K L R, "Objectives of Technology Policy," *Science and Public Policy*, Vol. 14, 2000, pp. 182 – 188.

[169] Porter M and van der Linde, "Green and Competitive Ending the Stalemate," *Harvard Business Review*, Vol. 73, No. 5, 1995, pp. 120 – 134.

[170] Porter M, "America's Green Strategy," *Scientific American*, Vol. 264, No. 4, 1991, pp. 168 – 169.

[171] Prieto I M and Santana M P, "Building Abidexterity: The Role of Human Resources in the Performance of Firms from Spain," *Human Resource Management*, Vol. 51, No. 2, 2012, pp. 189 – 212.

[172] Pujari D, "Eco-innovation and New Product Development: Under-

standing the Influences on Market Performance," *Technovation*, Vol. 26, 2006, pp. 76 – 85.

[173] Purser R E and Park C, "Limits to Anthropocentrism: Toward an Eco-centric Organization Paradigm," *Academy of Management Review*, Vol. 20, No. 4, 1995, pp. 1053 – 1089.

[174] Qi G Y, Shen L Y, Zeng S X and Jorge O J, "The Drivers for Contractors' Green Innovation: An Industry Perspective," *Journal of Cleaner Production*, Vol. 18, No. 14, 2010, pp. 1358 – 1365.

[175] Rajalahti R, Janssen W and Pehu E, *Agricultural Innovation Systems: From Diagnostics toward Operational Practices* (Rome: Agriculture & Rural Development Department, World Bank, 2008).

[176] Reid A and Miedzinski M, "Eco-innovation: Final Report for Sectoral Innovation Watch," *Systematic Eco-Innovation Report*, Vol. 5, 2008, p. 72.

[177] Rennings K, "Redefining Innovation Eco-innovation Research and the Contribution from Ecological Economics," *Ecological Economics*, Vol. 32, No. 2, 2000, pp. 319 – 332.

[178] Richey R G and Genchev S E, "The Role of Resource Commitment and Innovation in Reverse Logistics Performance," *International Journal of Physical Distribution & Logistics Mangement*, Vol. 35, No. 4, 2005, pp. 233 – 257.

[179] Russom M and Fouts P, "A Resource-based Perspective on Corporate Environmental Performance and Profitability," *Academy of Management Journal*, Vol. 40, No. 3, 1997, pp. 534 – 559.

[180] Schiederig T, Tietze F and Herstatt C, "Green Innovation in Technology and Innovation Management an Exploratory Literature Review," *R&D Management*, Vol. 42, No. 2, 2012, pp. 180 – 192.

[181] Schmidt G D and Roberts L S, *Foundations of Parasitology* (St Louis: Times Mirror/Mosby College Publishing Company, 1985).

[182] Seijas N, *Determinants of Environmental Innovation in the Germ and Swiss Industry: With Special Consideration of Environmental Regulation* (Zurich:

ETH Zurich, 2007).

[183] Stavins R N, "Experience with Market: Based Environmental Policy Instruments," *Handbook of Environmental Economics*, Vol. 20, No. 1, 2003, pp. 355 −435.

[184] Viscusi W K, "Frameworks for Analyzing the Effects of Risk and Environmental Regulations on Productivity," *American Economic Review*, Vol. 73, No. 4, 1983, pp. 793 −801.

[185] Wagner M, "On the Relationship Between Environmental Management, Environmental Innovation and Patenting: Evidence from German Manufacturing Firms," *Research Policy*, Vol. 36, No. 10, 2007, pp. 1587 −1602.

[186] Wilson E O, *Sociobiology: The New Synthesis* (Cambridge, Massachusetts: Harvard University Press, 1975).

[187] Yana R, Marizio G and Elena V, "Environmental Regulation and Competitiveness Empirical Evidence on the Porter Hypothesis from European Manufacturing Sectors," *Energy Policy*, Vol. 83, No. 4, 2015, pp. 288 −300.

[188] Yang Y and Holgard J, "The Important Role of Civil Society Groups in Eco-Innovation: A Triple Helix Perspective," *Journal of Knowledge Based Innovation in China*, Vol. 4, No. 2, 2010, pp. 132 −148.

[189] Yang Y, Holgaard J E and Remmen A, "What can Triple Helix Frameworks Offer to the Analysis of Eco-innovation Dynamics? Theoretical and Methodological Considerations," *Science and Public Policy*, Vol. 39, No. 3, 2012, pp. 373 −385.

[190] Zacher H and Rosing K, "Ambidextrous Leadership and Team Innovation," *Leadership & Organization Development Journal*, Vol. 36, No. 1, 2015, pp. 54 −68.

后　记

执笔至此，心中感慨良多。所呈专著，饱含了恩师和家人的期待，也是对我本人前段时期工作的总结。在此谨向一切关心、支持和帮助过我的师长、亲友致以深深的谢意！

饮水思源，首先要感谢我博士期间的导师赖作卿教授，"感谢"这两个字已经难以形容老师对我的关心和支持。早就听闻了赖老师严谨的治学态度和对学生的真诚与关爱，在赖老师指导下做学问期间，更深切体会到老师广博的知识、敏锐的洞察力以及认真负责的学术态度。我的个人发展、学习以及生活和赖老师的支持与帮助密不可分。

还要特别感谢在硕士期间给予我教诲和帮助的庄丽娟教授。庄老师对学术的严谨态度和为人处事，更是给我树立了很好的榜样示范作用，让我感到女性学术者更应有对工作的热忱以及处事的和谐与柔性。此外，还非常感谢给我讲授过专业课程并给我相当大启发的温思美教授、罗必良教授、欧晓明教授……师恩深重，心铭长存！

父母含辛茹苦养育了我，家庭对我的学习给予了巨大的支持，在我最需要的时候，家人给了我无私的帮助，他们的恩情一生都难以报答。唯期盼父母身体健康，两个小宝贝健康快乐。另外还要感谢我的爱人，他在我困惑和烦恼之时，为我提供了莫大的支持和帮助。感谢他对我的谦让和包容，感谢他带给我的快乐和幸福！

还要特别感谢广东财经大学工商管理一级学科给予我的平台支持，感谢地理与旅游学院领导的帮助和关怀，让我的专著得以顺利出版！

农业生态创新是迫在眉睫需要研究的一个话题，利用双元性理论框架对此开展研究是一种新的尝试，在此也向所有参考文献的作者致以衷心的感谢。希望这种框架能进一步得到丰富和深化，并让生态文明建设与其他学科的融合奠定基础，为乡村振兴提供新的思路和理论参考，这也是作者希望本书的出版能起到的抛砖引玉作用。

由于作者水平有限，书中难免有不妥之处，敬请读者批评指正。

黄蝶君

2020 年 6 月于广州

图书在版编目（CIP）数据

双元—共赢：农业企业生态创新内涵及环境规制的
影响效应研究／黄蝶君著 . —北京：经济科学出版社，
2021. 4

ISBN 978 - 7 - 5218 - 2388 - 2

Ⅰ . ①双…　Ⅱ . ①黄…　Ⅲ . ①农业企业 - 企业创新 -
研究 - 中国　Ⅳ . ①F324

中国版本图书馆 CIP 数据核字（2021）第 030782 号

责任编辑：齐伟娜　尹雪晶
责任校对：孙　晨
责任印制：范　艳　张佳裕

双元—共赢：农业企业生态创新内涵
及环境规制的影响效应研究

黄蝶君　著

经济科学出版社出版、发行　新华书店经销

社址：北京市海淀区阜成路甲 28 号　邮编：100142

总编部电话：010 - 88191217　发行部电话：010 - 88191540

网址：www. esp. com. cn

电子邮箱：esp@ esp. com. cn

天猫网店：经济科学出版社旗舰店

网址：http://jjkxcbs. tmall. com

北京季蜂印刷有限公司印装

710 × 1000　16 开　10.5 印张　160000 字

2021 年 6 月第 1 版　2021 年 6 月第 1 次印刷

ISBN 978 - 7 - 5218 - 2388 - 2　定价：48.00 元